ヨハン・クライフ

サッカー論

JOHAN CRUIJFF
VOETBAL

ヨハン・クライフ
木崎伸也・若水大樹〔訳〕

二見書房

目次
Inhoud

目次
Inhoud

まえがき

この本の構想は5年前に立ち上がった。私の60歳の誕生日前後のことだ。節目の時期を祝うために、数多くの人たちがさまざまなイベントを企画してくれた。それらが同時進行し、うれしい気持ちはあったが、しだいに自分の状況をコントロールできなくなっていた。最終的には私の家族が間に入ってくれて、普段どおりの誕生日を迎えることができた。そのとき、立場を入れ替えることを思いついたのだ。私の65歳の誕生日には、まわりが私に何かをしてくれるのではなく、私が他の人のために何かをしようと。

この本はそのために出したものだ。私の人生は、サッカーとともに歩んだ。素晴らしく、シンプルで、楽しむことが大切なスポーツ、それがサッカーである。

だから本書は、サッカーに携わるすべての人に楽しんでもらいたい。若い世代、年配の世代、アマチュアプレーヤー、そしてプロの選手にもだ。最高峰のレベルでプレーしていたとしても、楽しむことが一番重要だということを再認識してほしい。そして誰もがもっとうまい選手になれるということを教えたい。ただし、それは1日では達成できるものではない。0から100になるためには一歩ずつ進む必要がある。失敗することを受け入れなければならない。なぜならサッカーはミスを犯すスポーツだからだ。自分を成長させるということは、ミスを5個から4個に減らすことだ。

重要なのは、どのレベルでも同じ基礎ルールが共通していることである。そして一番簡単なことこそ、一番難しいことだと認識すべきだ。そういう意味で、私はワンタッチプレーこそがサッカーにおける最高のテクニックだと思っている。だが、ボールを完璧にワンタッチでプレーするためには、まず10万回の練習が必要だ。

いまもなおサッカーを学問のように難しくとらえる傾向があるが、私はつねにサッカーはシンプルだと指摘してきた。だからこの本には写真や練習方法の図解などは入れていない。私の言葉のみで、どのようにサッカーを見て、経験してきたかを語りたい。私は孫たちにも同様に語っているし、トップコーチたちとも同じように語り合ってきた。より多くの人間がサッカーの真理をわかってくれれば、私のメッセージもよく伝わるようになる。

私からのメッセージは、サッカーはシンプルなだけでなく、生きる方法ですらあるということだ。このことを多くの人がわかれば、もっと楽しくなる。ピッチ内外において。

ヨハン・クライフ

1947

1. ボール
2. 蹴る
3. トラップ
4. パス
5. ドリブル
6. ボール運び
7. ヘディング
8. 練習
9. テクニック
10. 攻撃
11. 守備
12. チームプレー
13. 視野（洞察力）
14. 楽しさ

ヨハン・クライフ
サッカー論

JOHAN CRUIJFF
VOETBAL

De straat

1

ストリート

ストリートフットボールがサッカーの原点だ。

サッカーは道端で発見され、このゲームへの愛情もここで生まれる。路上ではどのようにドリブルするかを覚え、縁石を使ってのワンツーや壁を相手にキックやトラップの練習をすることで、ボールコントロールの基礎が形成される。しかもそれだけではない。道端で転ぶと痛いので、ボディーコントロールもよくなる。

自然と洞察力も養われる。先にチームメンバーを選べるように、ポーテン（二人で行なうゲーム。二人が向かい合い、かかとつま先を合わせるように一歩ずつ互いに近づき、最終的に相手の足を踏んだほうが勝ち。オランダではチーム分けでよく用いられる。代表者二人が行なう）のための距離を測ったりするからだ。試合が始まる前から勝負は始まっている。ストリートフットボールを通して自然と賢くなっていく。そこで身につけた賢さはサッカー以外でも役立つようになる。

ストリートの次は校庭で、その次のステップが学校チームやクラブチームだ。そうやって輪は形成されていた。

もっともこれは私の時代の話だ。残念ながら、この数十年間で変わってしまったことがある。月日が流れるとともに町から公園が減り、交通量が増えたため道端でサッカーをして遊べるような環境も少なくなってしまった。最近はかなり低い年齢からクラブチームの会員になれるようになったが、クラブでの練習時間だけでは、日が暮れるまで延々とやっていたストリートフットボールの時間を埋め合わすことはできない。

一部の地区では私の財団が支援するクライフコートがそれを補っている。昔のストリートフットボールの代わりとなってくれる、マルチ機能のストリートフットボール場だ。

このような施設を作ることは私たちの責任でもあり、子供たちを思ってのことだ。ストリートフットボールはサッカーの登竜門であり、人間を形成する大事な場だからだ。

De club 2

クラブ

ストリートフットボールの次はクラブだ。会員になったらクラブチームの一員になれる。それがすでに特別なことだ。アヤックスだろうがベーデゥム（アムステルダム近郊の小さな町クラブ）だろうが関係ない。ソックス、パンツ、ユニフォーム、これらはすべて自分のものだけでなく、クラブのものでもある。この一歩を踏み出すことは、すごくインパクトがあり、子供にとって大きな一歩だ。

運営する側のクラブとしては次のようなことも考慮しなければならない。子供たちはストリートフットボール上がりで、難しいことを考えずにサッカーをやってきた。この流れはクラブでも引き継ぐべきだ。ストリートフットボールとクラブチームの違いは子供たちに芝生を感じさせ、つねにボールに触れさせられることだ。

だから私は夏場こそ各クラブのピッチを開放するべき、と言いつづけてきた（オランダでは6月と7月はシーズンオフのためクラブチームは休みとなる）。気候もよく、芝生もきれいな2ヵ月間に最適な環境を提供すれば、サッカー好きではなくても、ちょっとしたきっかけでサッカーを始められる。クラブ側にとっても新たな会員を獲得するチャンスだ。

夏休み中と夏休み後こそ、子供たちはボールを求める。町の環境が変わってしまったために、ストリートフットボールをできる場所がどんどんなくなっているからだ。私が小さかったころは、アヤックスの施設が空いていようが閉まっていようが関係なかった。クラブには野球チームもあったので、サッカーシーズンが終わったら自然と野球をやっていた。それにベトンドルプ（クライフが幼少時期を過ごした地区）には、芝生や公園がたくさんあったので時間を持て余すことはなかった。

時代が変わってしまったにもかかわらず、クラブが夏場にピッチを開放する方針に変えない理由が、私にはわからない。子供たちはこの期間こそサッカーをしたいのだ。私たちがやるべきことは、できるだけボールと触れ合う機会を与えてあげることだ。

長い夏休みが終わって待ち望んだ最初の練習で、ピッチを何周も走らされることほど少年や少女たちにとって嫌なことはないだろう。ボールを使わずにシーズンを始めることなんて考えられない。そして「休み後に、まずコンディショントレーニングをすべきだ」なんて間違った考えだ。健康的な子供は休みの間も外で遊んでいる。シーズン中、昼間学校で7時間ほど座って過ごしているときより、よっぽど体を動かしているはずだ。だから体み明けでも大概の子供たちはコンディションの問題はない。

ただ、私はシーズン最初の数週間はボールを使ったメニューや試合形式の練習の合間に、筋力トレーニングや柔軟体操を挟むことに関しては推奨派だ。現実的に最近の子供たちの体幹の水準は悪くなっている。学校の体育の時間も短くなっているので、この分を補うことは監督の重要な役割でもある。子供たちにはボールを使ったメニューの合間に筋力トレーニングをやらせるべきだ。そのうち体幹を鍛《きた》えることが習慣になり、当たり前のことに思えるようになるだろう。

長期的な投資として、このような指導法は大切だ。とくにこの年代の子供たちの成長はめざましい。仰向けに寝そべった姿勢から上半身を持ち上げて腹筋を鍛えることのメリットを考えてみてほしい。成長期にはさまざまな筋肉に圧力がかかる。この時期に腹筋が鍛えられていたら、圧力に対抗し反発できる。そしてそれは年齢が上がったときのけがの予防にもなる。

ストレッチはちょっと暇があったらやるように子供たちに習慣づけよう。家だろうがピッチだろうがどこでもいい。アメリカでは10歳のころからこれが刷り込まれていて、当たり前のことになっている。練習前や試合前のウォーミングアップの一環として全身のストレッチが行なわれる。ストレッチをしっかりおこなうことで、筋肉や関節などのけがを未然に予防できる。これも長期的な投資だ。

ボールを使った練習を中心にすべきだが、その合間に体幹トレーニングを加えれば練習内容にメリハリもつく。シーズンの準備として私はとくに小さいゲーム形式の練習と、サッカーの五つの基礎要素の練習を交互にやることを好む。五つの基礎要素とはキック、ヘディング、ドリブル、ボールコントロールとトラップだ。このプログラムの利点は最初から最後までボールを扱っているということだ。

ゲーム形式の練習に関して言えば、私は少ない人数でのミニゲームを好む。たとえばコートを狭く使っての5対5だ。さらにボールを扱うスピードやコンディションをテストしたければもっと小さなグループの3名チームに変更すればいい。また、肺活量を向上させる方法としては交代システムがある。重要なことはつねにテンポを高く保たなければならないことだ。たとえば5対5のゲームに6名のチームで参加させて1分おきに選手を入れ替える、といった方法だ。

試合形式の練習のメリットは、つねに全員がゲームに参加できることだ。これは大きなピッチでは難しい。数分間ゲーム形式の練習を行なない選手たちが疲れたら、さきほど述べた五つの基礎練習を挟むことで息を整えさせてあげれば効率よく練習ができる。

ユースの監督はいくらでも練習方法の組み合わせを変えることができる。重要なのはつねに遊びの要素が含まれていることだ。たとえばボールを蹴る練習をするとしても、言葉の説明だけでは理解されないかもしれない。子供たちに練習内容を理解させるのに一番簡単な方法は、技術の高い子に実演させることだ。そのあとにさらに同じ子に利き足と違うほうの足で蹴らせてみることで、二つの違いがより顕著になり、両足で練習することの重要性を教えることができる。

五つの基礎練習と体幹トレーニングを練習に組み込むことで、私は子供たちの興味をつねにひきつけられると思っている。子供たちにもわかりやすいし、バラエティーに富んだ練習方法を考えられるので、気づかないうちにかなり先のステップまで行けるだろう。

ヘディングを例に見てみよう。ヘディングしかしてはいけないゲームをすると、自然に技術だけでなくタイミングも磨くことになる。小さいグループでセンタリングをヘディングする練習をした場合にはタイミング、跳躍力、体幹、ポジショニングやキックの精度などの要素も同時に鍛えられることになる。このようにさまざまな要素を組み合わせた練習が可能だ。

何が言いたいかというと、ゲーム感覚の練習でもちゃんと建設的な練習を子供たちとできるということ。子供たちが興味を持つようにすれば、翌日も早くサッカーがやりたいとウズウズするだろう。彼らは芝生の臭いをかぎ、ボールを感じたいのだ。

このことを忘れないように！

子供たちにはできるだけボールに触れる機会を作ってあげることが大切だ

De competitie 3

公式戦

9月に入って公式戦が始まっても、8月の練習内容は継続するべきだ（ヨーロッパのリーグ戦は秋春制）。とくに芝生がきれいなうちは、ボールを使った激しい練習の合間に、柔軟体操を行なうことがいい休憩になる。若いころから体を柔らかくしておき、それを保つことが重要だ。柔軟性はサッカーに必要なボディーコントロールを向上させるための重要なエッセンスである。自分の体をコントロールできれば、ピッチ上でも優位に立てる。

14歳までの年代に注目してみよう。成長期と重なるこの年代は、必ずラバーソールの固定式のスパイクを履かなければならない。

取り替え式（ネジ式）のスパイクはだめだ！

この年代には、取り替え式は足への負担が大きすぎる。固定式のラバーソールのスパイクでも、良い姿勢が取れていればどんな状況でも対応できる。ボディーコントロールがしっかりしている選手は、足を滑らすことはほとんどない。

だが若い選手がよく滑っているのを見ると、監督はすぐに取り替え式のスパイクを履かせようとする。それは間違いだ。10回中9回は、悪い解決方法となる。なぜなら多くの場合、根本的な原因は姿勢の悪さに起因するからだ。

私は今までつねにゴム底のスパイクを履いてきた。14歳のころから、よほど特別なとき以外は、取り替え式のスパイクを試合で使用したことはない。ピッチがびしょびしょに濡れていたり、滑りやすいピッチだったとしても、一番短いネジの取り替え式スパイクを使っていた。それでも私はボディーバランスが優れていたので、ほとんど足を滑らすことはなかった。

まだ14歳であればつねに固定式のスパイクを履くべきだ。もしよく足を滑らしたり、バランスを崩すようであれば、練習中にもっと体幹を鍛えたほうがよいだろう。何度も言うが筋力トレーニングと柔軟体操は、サッカーにおける素晴らしい補助メニューだ。

14歳を過ぎたら、取り替え式スパイクをどの程度用いるか検討してもいいだろう。レベルの低いチームで趣味としてサッカーをするのであれば、ゴム底の固定式スパイクで問題ない。トップレベルのチームに所属している場合は、スパイク選びも重要な要素となる。ただ、私の意見としては、できるだけ長く固定式のスパイクでやれるように努力することを勧める。

ピッチ状態が悪く、でこぼこのピッチでプレーすることが多いディフェンダーの場合は、特別に取り替え式のスパイクを使用してもいいだろう。この場合でも私はネジの長いスパイクを使うことには否定的だ。しっかりと地面に立てる反面、スパイクが地面に深く刺さるため、運が悪ければ膝や他の関節をひねってしまう可能性がある。

一般的に新しいシーズンに合わせて、靴を変える選手が多い。とくに最初の数回はよく濡らし、できることならば濡れているピッチで試してみることを勧める。新品のスパイクをいきなり乾燥しているピッチで使うと靴擦れなどを起こし、悪い結果しか残さない。

新スパイクを選ぶ際に重要なのは、自分のサイズに合っていることとフィット感だ。個人的には少し小さ目のサイズを好む。時間が経つにつれて自然と足に合ってくるし、繊細なボールタッチの感触を味わうのにも最適だからだ。

大きすぎるスパイクは、プレーを難しくしてしまう。踵には靴擦れができるし、ボール感覚も悪くなる。最適なスパイクを履くだけでなく、ソックスも自分のサイズに合ったものを選ぶ必要がある。そしてレガースも必ず着用するべきだ。最初の感触はよくないだろうが、これは慣れの問題だ。レガースによって安全性が高まるので、付けることを勧める。

ユース世代の場合、私は彼らがどのように育てられてきたかをよく見る。この分野では監督とトレーナーだけでなく、親にも重要な役割が与えられている。子供たちを自分自身でしっかり管理できるように指導すると、自然と責任感も持たせられる。本気でスポーツをやる場合、規律がなければできない。だから子供たちには自分で支度をさせ、スパイクの手入れもやらせるべきだ。そうすることで、スポーツに対しての愛情が深まる。

彼らには、細かいディテールにも気を配る習慣を身につけさせてほしい。とくにサッカー選手にとって重要な部位は足だ。爪はつねに短く切っておくべきだし、シャワー後にはちゃんと乾かすことが大切だ。

私は先ほど、子供たちは自分で支度をする必要があると述べた。言わなくてもわかると思うが、しっかりとした準備はスパイクだけに留まらない。試合のユニフォームやトレーニングウェアはもちろん、洗面道具や靴紐といった予備道具についても準備を怠ってはならない。

「自分の体」と「用具」の管理を、若い年代からやらせることで責任感を植えつけることができる。その結果、必然的にそのスポーツに、より深くのめり込むことになる。サッカーはつねに真剣に取り組むべきだ。なぜならサッカーは一人ではなく、他の10人と協力するチームスポーツだからだ。やる気のない選手たちとプレーすることほど、嫌なことはないだろう。だからどんなレベルでも最低限ベストを尽くさなければならない。自分のためだけではなく、まわりのために。

練習が終わったら試合だ。自分に合ったスパイク、着心地のいいユニフォームとしっかり管理された体があれば、楽しい午後を阻むものは何もない。さらにクラブがいいボールを用意してくれていれば最高だ。年齢に合ったボールを選ぶことが大切である。

いいボールというのは、選手がコントロールできるボールのことである。

Spelvreugde

4

楽しさ

サッカーが楽しくなければ、子供たちはピッチから消えていくものだ。だから必ず練習や試合のときは、楽しさを感じられるように指導しなければならない。それを怠ると、いまだにサッカー界で見られることなのだが、少年たちは15歳や16歳の若さでサッカーから離れていってしまう。

どの少年も14歳ぐらいまでは、サッカーへの興味が全身から溢れ出ている。つねに笑っていて、サッカーへの興味がプラスに作用する。

ただBユース（オランダサッカー界では、13歳・14歳をCユース、15歳・16歳をBユース、17歳・18歳をAユースと分類している）になると環境は劇的に変わってしまう。一部の選手たちはサッカーで得られる楽しみが減ってしまい、感情も表に出なくなってしまう。急に義務的な仕事に参加させられているような気分に陥るのだ。それはすごくもったいないし、起こってほしくない。15歳前後になると選手の気持ちに何かしらの変化が起こるのだろう。だからこの時期は子供たちにもっと気を遣って、彼らの変化を感じ取り、サッカーの楽しさをさらに強調するようにすべきだ。成長期の子供たちには、こういう特別な心構えで接することが大切だと思う。

練習ではつねにボールが中心にあるべきで、みんなで一歩ずつ同じゴールを目指していることを感じさせたほうがいい。そのためにはやる気があまり出ないときでも、練習を休んではいけない。雨が降っていたとしても、笑うことをやめてはいけない。つねに11人でピッチに立つようにするのだ。

監督だけでなく、親も子の変化に対応することが求められる。Bユースの年代は「楽しいサッカー」から「結果を残すサッカー」への変換期だ。選手自身が中心になるべき時期で、親の誇り、監督の結果、指導者のやる気はメインテーマではない。

ここで各年代において何が重要で、何を変えるべきかをまとめてみよう。ただし、あくまでこれは私の感覚から語ったものだ。「Cユース以降の年代においては、あらゆる問題を解決するルールや正解など存在しない」ということを頭に入れておいてほしい。

■10歳まで

まずはボールの扱いを体で覚えるようにすること。技術が優れている選手は、のちに自然にチームのためにプレーするようになることが、現場での実践から証明されている。

彼らはプレーに対する楽しみを持っているので、それを持続するように働きかければいい。そして、少しずつお互いにパスをするように誘導する。ドリブルばかりしている子には、慎重に少しだけブレーキをかけてパスにも目を向けさせる。大人しいプレーばかりしている子には、逆にもっとドリブルをするように導いてあげよう。

見返りを要求することなく、勉強面の世話にも気を配るべきだ。

■10歳から12歳まで

能力のリミットを押し上げる年齢。選手たちを意図的にピッチに配置するようにしよう。とにかく彼らにサッカーをさせることが重要。同時にこの年代から、荒削りな角を少しずつ滑らかにしていくべきだ。

■Cユース（13歳と14歳）

いわゆるユース年代のトップグループ。一番可能性を秘めているグループだ。吸収力があるので細かなディテールを習得することができる。どう守備をするべきか、どう攻撃をするか、といったことだ。ただ、ここでも新しいステップは慎重に進めなければならない。ちなみに「この年代で子供時代が終わる」と考えていい。

■Bユース（15歳と16歳）

一番難しいグループ。成長期や反抗期の影響もある。CユースとBユースの違いは大きく、ユース年代における真に新しい期間が始まったことを意味する。本来であればCユースまで続けてきたことをそのまま継続したいのだが、多くの基本原則が変わるため、それは簡単ではない。とくにプレーをする楽しさに関しては、あらためて再認識させる必要がある。このスポーツを心から楽しむという部分を強調するべきだ。

■Aユース（17歳と18歳）

最終到達点。選手たちは初めて大人として扱われる。そして「結果を重視するサッカー選手」と「趣味で続ける選手」に分類される時期だ。

後者に関しては、そもそも楽しむことが中心となっているので問題ない。ここではより上のレベルを目指している前者について、もう少し述べたい。プレーする原点には、つねに最適な量のサッカーへの「楽しさ」と「情熱」を持っていなければならない。もしそれがなければ、結果を残すための土台が崩れてしまう。

「楽しさ」や「情熱」は練習でも育むことができるが、それ以外にご褒美を設定することが手助けになる。「優れた選手になるほど、特別な施設で練習できる」という環境を用意するのだ。ランク分けをすることで、選手たちも「本当にすごいところまで上りつめたんだな」と実感できる。このような環境は、クラブでは簡単に作り出せる。たとえばＡ１（Ａユースの１軍。各年代のグループはクラブの規模にもよるが複数のチームに分かれていて、数字が低いほどレベルの高いチームになる。たとえばＡ２はＡユースの２軍）のチームにはいいボールを与えて、週に一度メイングラウンドで練習をさせる、といった差別化だ。重要なのは「一定の目標を達成すれば、特別なご褒美が待っている」と認識させることだ。

彼らはその目標のために、努力をしているのだ。努力に対しての対価を、必ず設定しよう。これは選手のためだけでなく、クラブのためでもある。

最後にもう一言だけ付け加えたい。育成の場では、いい選手は必ずプレーさせるべきだ。もし同じチームに有望な右ウィンガーが2名いたとしよう。片方をベンチに座らせるような間違いは犯してはいけない。一人を右のウィンガーとして使うのであれば、もう一人は別のポジションで使うべきだ。有望なタレントには、実践で力を磨かせなければならない。

Techniek 5

テクニック

ここまで書いてきたように、私はサッカーを楽しむことの重要性をつねに訴えている。練習だろうが試合だろうが、スポーツをやっているときはつねに楽しむべきだ。だからこそ、どのレベルでも技術を磨く必要がある。アスリート体型の子、ちょっと太っている子、すべての子供たちに自分の技術を向上させる機会を与えてあげなければならない。

技術は才能豊かな選手にだけ必要なのではなく、その他大勢の何十万という趣味でサッカーをしている人たちにも同様に必要なことだと私は思っている。趣味のサッカーはあくまで娯楽で、他の人との交流がテーマになると思われるかもしれない。でもサッカーは全員がボールに絡めてこそ楽しいし、ボールを持ったときに何かをできなくては楽しめないだろう。

一番シンプルな例をあげると、全員がボールを受けられて、パスも出すことができたらどうだろうか。間違いなくチームプレーの面でも楽しめるはずだ。

チーム内の一番下手な選手に対しても、もっともシンプルな要素である「ボールを受けて、パスを出す」ということは教えられる。これはどんな選手にとっても技術の原点であり、これを土台にさらに技術を向上させることができる。

技術練習は、次のように分類できる。まずは基本。次にその応用。すべての原点は、正確にボールをコントロールできる能力だ。選手がどれだけボールを思いどおりに扱えるかによって、その先の技術の向上の度合いも変わってくる。

単純だが、すごく有効な練習方法が二つある。

■ボールを受け、コントロールし、パスを出す

この動作ができるようになれば、次はボールを見ずに同じ動作をできるように向上させる。これを習得することで視野が広がり、全体的にプレーの反応速度を上げて対応できるようになる。

- ●ボールを扱う速度と難しさは、対戦相手を設定することで調節。
- ●なるべく同じ動作を右と左の両足で練習するようにしよう。

この練習は完璧にできるようになるまで、繰り返して行なうべきものだ。

それがどれくらい難しいかというと、私がアヤックスで監督をやっていた時代には唯一アーノルド・ミューレン（アヤックスやマンチェスター・ユナイテッドで活躍した元オランダ代表MF。1988年の欧州選手権の決勝戦で、ファン・バステンの伝説のボレーを導くクロスをあげた）しかできなかった、ということからもよくわかるだろう。アーノルドは技術が優れていたので、この二つの要素をたった一つの動作で行なえた。たとえば宙に浮いているボールでも、彼は絶妙なトラップで「ボールを止めること」と「コントロールすること」を一連の流麗な動作でできた。そのためいつでもボールは、次のプレーに移るのに最適な位置にあった。さらにアーノルドはこの動作を、ボールを見ずにできていた。それによってつねに視野を広く保つことができ、右足か左足で自在にボールを扱っていた。

■リフティング

- なるべく自分の得意な足で、できるだけ長くリフティングを続けられるようにしよう。
- ある程度できるようになったら、足だけではなく体の他の部位も使うようにしよう。利き足だけではなく、逆足や、頭、腿、胸、さらには肩も使おう。

●静止した状態から始め、徐々に動きながらできるようにしよう。スピードと距離を上げていけば難易度も上げられる。

●さらに難易度を上げる。たとえばリフティング中にボールを頭の上まで蹴り、1回転してからボールが地面に着く前にリフティングを続けよう。

●足や頭でのリフティングを2名もしくはグループで行なおう。応用として、ゲーム的要素を加えるのであればサッカーテニスがいい。サッカーテニスは相手からのボールを一度バウンドさせて、3回のタッチで相手のコートに返すゲームだ。このゲームもバリエーションはたくさん考えられる。たとえばサーブはボレーだけとか、最初は必ずヘディングを入れるといったものだ。簡単なリフティングから始めて、最終的には試合形式にすることができる。

もちろん、これらのリフティング練習の大半の要素は、試合で直接生かせるわけではない。ただし、「ボールをどうすればコントロールできるか」を学ぶには非常に有効な練習だ。

何度も言うが、もし若い選手が将来サッカーの世界でのし上がりたかったら、まずはボールをコントロールできるようになる必要がある。この基礎がなければ視野、パス、コンビネーションなど、他のことも学べない。

シンプルに見えても、このようなゲームを定期的に練習で反復させることは重要だ。とくに子供たちの成長期に重点的にやるべきだ。この時期にこれを怠ると、成長の過程でボールを扱う感覚を失ってしまう危険がある。

ここでは、私は二つの練習を紹介した。技術を学ぶ（ボールをコントロールする）ことと、試合で起こりうる状況への技術の適用を目的にしたものだ。これはあくまで、数百もの「ゲーム的要素を含んだ練習」や「楽しむためのメニュー」の導入例にすぎない。

ボールをコントロールできるテクニックを子供のときから学ばなければならない

実戦に向けた練習

ボールを使った練習の次は、より実戦的な練習への移行だ。このとき重要なのは、子供たちが負けることを恐れずに、自由にそして何よりも楽しみながら練習することだ。ただ、自由にサッカーをするためには、前章でも述べたが、思いどおりにボールをコントロールできる必要がある。この技術を、練習で徹底的に鍛えなければならない。

実戦的な練習にふさわしいシステムは、両サイドにウィンガーを置く、いわゆる４－３－３だ。４名の守備陣、３名の中盤と３名の攻撃陣。とくに若い選手たちには、このフォーメーションは適している。なぜなら、各選手に一定のスペースが与えられ、オープンなゲームができるからだ。多少技術が劣っている選手でも、スペースがあるのでトラップをミスしても、すぐボールを失うことにはつながらない。そのため自信を失わないまま、徐々に練習で得た経験を試合で応用できるようになる。

メリットは、これだけではない。ウィンガーを二人置くシステムは、いろんな状況を経験できるという点でも最適な教育方法だ。

ウィンガーは、つねに直接的な対戦相手がいるポジションだ。攻撃時も、守備時も、絶えず1対1の状況に置かれる。攻撃側は相手を抜き去らなければならないし、逆に守備側はそれを止めることを求められる。両者は完全に自分の責任で、この問題を解決しなければならない。他のシステムだともっと密集した状況に置かれるので、こういう明確な1対1の状況はあまり見られなくなる。

中盤の選手にとっても、このシステムはいい「学校」だ。各選手に与えられているスペースが広いため、選手はどの方向にでもパスを出すことができる。難易度としては低くなるが、練習で学んだことをさまざまな状況で実戦に応用できる。その結果、サッカーを楽しむことができる。

サッカーはボールを持ってこそ楽しい。すでに説明したように、4－3－3のシステムではどのレベルの選手でも、全員がサッカーをできる環境にある。ピッチが大きく広く使われるので、ミスが嫌な結果に直結する可能性が低い。

ここからは、どうすれば練習の難易度を上げられるかを年代別に説明しよう。あくまでも大枠での話だ。状況によってはそのときの感覚で、いい意味でも悪い意味でも調整が必要である。

F〜Dユース（7歳から12歳まで）

あまり難しく考える必要のない年代。なるべく多くボールを使った練習をさせ、試合ではいろいろなプレーに挑戦できるようにスペースを与えてあげよう。それを促すためにも、システムは4－3－3が最適だ。

Cユース（13歳・14歳）

Cユースの1年目（13歳）と2年目（14歳）では、明確な違いがあると私は考えている。システムに関しては、やはり基本は4－3－3だ。Cユースでプレーする少年や少女たちは、ピッチ上だけでなく、その外でも「ライオンの檻」に放り込まれることになる。指導者や監督として、この環境の変化は逃れられないことだ。彼らは小学校を卒業し、新たな世界で自分の居場所を確立しなければならない。ピッチにおける「若い」DユースからＣ「大人の」Cユースへのステップアップと並行して、ピッチ外でもさまざまなことが起こる。

だからまずは、チームを落ち着かせることから始めよう。いきなりポジションを変えたりせず、3ヵ月から4ヵ月の期間はポジションを固定したほうがいい。とにかくシンプルにサッカーに打ち込めるようにすべきだ。彼らは精神的にも、新しい「社会」のテンポに慣れることが求められている。

Cユースの2年目は、選手の自覚を期待できる期間だ。彼らは新しい環境にも慣れ、サッカーに対しても勉強熱心になる。この時期は彼らの吸収力の早さに驚かされるだろう。気がつけば指導者は、才能豊かな選手たちとポストプレーや三角パスの練習をするようになる。

また、試合中に、ポジションを動かすことができるようになる。選手は自分の感覚でチームメイトのタレント性と競演できるようになる。たとえば右ウィンガーがドリブルばかりすることが影響して、右ミッドフィルダーがつねに問題にさらされているとしよう。そんなときは一度お互いのポジションをチェンジさせて、「どれだけ自己中心的な選手の後ろでプレーをすることが大変か」を実感させればいい。このように全選手を他のポジションで試すことができる。別のポジションでプレーすることで行きづまった選手がいれば、元のポジションに戻して、自信を取り戻させればいい。

練習面で言えばCユースの1年目は、あまりコンディションに気を遣わなくていい。試合をしていれば、自ずと最適なフィジカルコンディションが保たれる。2年目になると、練習内容を変えて、もっと練習量も増やさなければならない。その際、練習メニューの中心にボールがあるという原則からはずれてはいけない。

難易度を上げることで、コンディションと技術の底上げの両方にアプローチできる。重要なのは疲労がピークのときでも、ボールコントロールの感覚を失わないことだ。ヘディングのみのゲームや、頭、足、その他の部位でワンタッチ、ツータッチ、スリータッチの練習などをすることで、感覚を保つことができる。

実はCユースはサッカー選手にとって、一番重要な期間だ。なぜならBユースに上がると、育成としての練習は終了するからである。

Bユース（15歳・16歳）

ユース年代の選手にとって一番難しい時期だ。大抵その難しさは、成長期と反抗期に起因していることが多いが、だからと言って全員を同じように扱ってはいけない。親、指導者、監督は、選手一人ひとりをしっかりと見て、彼らの考えを感じ取ることが求められる。成長期の選手たちから、とくにサッカーの楽しさを奪ってしまってはいけない。練習や、間接的には試合もだが、基本的には「2歩下がった対応」が必要だ。選手たちは身体的に重要な成長期を迎えているため、柔軟性とコーディネーションの調整が求められる。

精神的には大人に近づいていても、フィジカル的には一からやり直す必要がある。そのことを忘れてはいけない！　練習では必要に応じて、最初の基本練習まで戻ることも考えるべきだ。一番シンプルな練習に戻ることで、ボール感覚が失われるのを防げる。私は長年かけて蓄積した練習成果が、たった数ヵ月で失われたのを見たことがある。とにかく基礎技術は、つねにキープされている必要がある。そうすれば試合で、ボール感覚が大きくブレるということはなくなる。

Bユースの2年目には、最大の苦労が待っている。フィジカルや技術面など、すべてのレベルをもう一段階上げるのだ。少しずつではあるが、戦術を覚えさせることも必要だ。選手たちも何を求められているか理解できるし、フィジカル的にも実践できるだろう。成績を気にすることで、自分のプレーを制限することが、逆にチームのためになることがあるという実感も得られるだろう。具体的に言えば、ワンタッチではたくほうが、自分の技術を見せびらかしてドリブル突破するより、効果的な場合があるという実感だ。

簡単にまとめると、CユースとBユースでは試合前の練習に一つ重要なニュアンスの違いがある。最初は個人が中心だが、徐々にチームとしての比重が大きくなってくる。Cユースでは「選手」を成長させるために別のポジションでプレーさせることがあるが、Bユースでは逆に「チーム全体」がよくなるようにあえて別のポジションでプレーさせる。

これは私が考える大まかなガイドラインだ。重要なのは指導者や監督たちが、いつどのタイミングで二つのニュアンスを切り替えるべきかを感じ取ることだ。このプロセスの間も、例外があるため、状況に応じて対応することが大切だ。

息子のジョルディ（左から2人目）もFCバルセロナで活躍し、オランダ代表にも選ばれた。
左端はロナルド・クーマン、左から3人目がクライフ

7 ドリブルとボール運び

ボールを止める、コントロールする、そして置きたい場所に置く、という基本をすでに学んだ。次は「ドリブル」とそれより難しい「ボール運び」を学ぶことで、ユース選手たちはさらに技術を向上させることができる。この二つプレーの利点は、技術的に誰でも向上できるということ。いわゆる才能豊かな選手だけでなく、技術が制限されている選手でも理論上は上達できる。

まずはドリブルから始めよう。ドリブルの定義は「ボールと一緒に動き、次のアクションを起こすためにつねにボールを支配下に置くこと」だ。

最初の練習として、コーンを縦に並べよう。そのコーンの間を、ボールを足元に置いたままスラロームする。重要なポイントは、必ず一歩ごとにボールを足のインサイドやアウトサイドでタッチすることだ。ボールを蹴って後を追うのではなく、ステップを踏むごとにボールをタッチしてコントロールすることを心がけよう。

最終目標は、ボールを支配できるようになること。この練習の楽しさは、すでに書いたように、誰もが成長できることだ。

たとえばやり始めは、つねに足元から3メートルほどボールが離れてしまっていたとしよう。練習を続けることで、いつしかボールが1メートルしか離れないようになる時期が来る。それでもまだいいとは言えないが、自分の能力の限界が上がり、成長したことが感じられるだろう。

シンプルなメニューから始めて、少しずつ難易度を上げていけばいい。逆足でドリブルしたり、スピードを上げたり、コーンの間隔を狭くすることで難易度を変えられる。どれだけ難しい状況でもボールを見ずにコントロールできるようになったら、完璧と言っていい。

ただ、見逃してはいけないのは、「つねにボールを足のインサイドとアウトサイドでタッチして調整するべき」という点だ。だから最初はコーンを縦に並べて、できるだけ直線的にスラロームすることに挑戦しよう。インサイドとアウトサイドを巧みに使わない限り、それは実現できない。右足が利き足の選手がインサイドの部位だけを使ってやると、すぐに左にそれていってしまうだろう。逆にアウトサイドだけ使っていると、右にそれていってしまう。たとえば右足のインサイドと左足のインサイドだけでドリブルをすれば、「チャーリー・チャップリンの動き」のようになり、スピードを失うだけでなく、体のコントロールも失ってしまう。

右足でも左足でもドリブルできるようになれば、ボールを持ったままつねに2方向に進めることになる。これは対戦相手を抜くときに重要なポイントだ。

このようなアクションで気をつけなければいけないことは、重要な局面では必ずボールと相手の間に自分の体を入れることである。片方の足でしかプレーできない選手の場合は、相手に有利なポジショニングを取られると、すぐに苦境に立たされてしまう。相手とボールの間に体を入れられないから、ボールを失う確率も高くなる。

ドリブルは相手を抜いたり、センタリングを上げる前に不可欠な技術だ。

次はさらに難易度を上げて、より速いボール運びだ。基本的にはドリブルと同じだが、もっと速いスピードで実行する。速いスピードで実践するためにはボールコントロールも向上させる必要がある。一番簡単な練習方法はいわゆる「スタイヘルング」(Steigerung)だ。静止した状態からドリブルのスピードを上げていき、ボールをコントロールする。

その他には1対1の練習も最適だ。攻撃側はハイスピードで守備側に向かっていく。守備側はタイミングを見計らって(いつボールが離れるかというタイミングを見て)ボールを奪おうとし、攻撃側はボールのコントロールを失わないように努める。この練習方法はピッチサイドからスタートして、右足と左足で交互にやり、さらにフェイントも加えるとより変化が生まれる。

とにかくドリブルと速いボール運びには、多種多様な可能性がある。

この二つの技術を得意としているプレーヤーは、リオネル・メッシ（アルゼンチン代表）や往年のジョン・ファント・シップ（元オランダ代表。ジェノア時代に三浦知良といっしょにプレー）と、もちろんディエゴ・マラドーナ（元アルゼンチン代表）だ。

ファント・シップは何かしらのアクションを起こす前に、必ずドリブルをしていた。その際、彼は足元のボールをほとんど見ていなかったので最適な視野を保ちながら、内側と外側の両方から抜き去る選択肢を作り出せていた。ファント・シップはつねに2方向に行けるような位置にボールを置いていた。

マラドーナは別格だ。彼はほとんど左足しか使わないという点で特殊だが、超越したドリブルのスペシャリストだったので、ときには手で扱っているようにすら思えた。守備側としては、彼が左利きで、抜き去るためのフェイントを入れることもわかっていたにもかかわらず、止めることがほとんどできなかった。マラドーナの長所は、瞬間的にドリブルの最大出力を発揮できることだ。相手とほんの数ミリの距離しかなくても、抜き去るアクションを実行できた。

だが、ユースチームの子供たちとマラドーナの間には天と地の開きがある。ドリブルや速いボール運びで重要なのは、つねに限界を少しずつ伸ばしていくことだ。そのうち「すごく下手」が「そこまで悪くない」と言ってもらえるようになる。

ボールを持ったまま、つねに2方向に進むことができる位置にボールを置くこと

キックとパス

他の技術と同様に、パスやキックでも基本テクニックが不可欠だ。ピッチ上でパスやキックをある程度できるようになるには、ボールを移動させる技術が前提になる。ここで重要なのは度胸だ。蹴るときに、少しでも迷いがあったら100パーセント完璧に足をボールに当てることはできないだろう。俗な言葉を使うと、「全身全霊」を込めてボールを蹴る必要がある。とはいえ、力んだらダメで、リラックスしていたほうがより技術を発揮できる。それを一度でも実感できれば、強く蹴るためには、力がすべてではないことがわかるだろう。

姿勢と体の良いバランスも求められる。ここではとくに二つのことに注意してほしい。まず、軸足はつねにボールと並行であること。片足で立つことになるので、腕の使い方が重要になる。右で蹴る人の場合、左腕は軸足と同じように、下に延ばす。実際に蹴るときは転ばないように体をかぶせるべきだ。

キックにおける良い動きと悪い動きの違いを理解するには、次のようにすればいい。ボールを蹴る技術が長けている選手に、まずは利き足で蹴らして、そのあとに逆の足で蹴らせるのだ。そうすれば違いがわかる。

この動作は、ボールを蹴るうえでの基礎だ。練習をすればするだけ、この技術は伸ばせるだろう。ここで忘れてはいけないのは、左足と右足の両足で行なうことだ。壁に向かって蹴って練習するときも、練習場で個人メニューを行なうときも、チームメイトとペアを組んでやるときも、つねに両足で蹴ることを心がけよう。

蹴るという行為は、さらに「守備的なキック」と「攻撃的なキック」に分類できる。ディフェンダーがロングパスを出したければ、ボールを強く蹴る必要がある。だが、このときの強さは、フォワードがゴールに向かって蹴るときとは違う種類の強さだ。ディフェンス陣からのロングフィードの場合、少し後ろに重心を残して、ボールの中心のやや下を蹴る。このとき重要なのは、しっかりと足を振ることだ。

フォワードがゴールに向かって蹴る場合、逆に体をもっとボールにかぶせるようにしなければならない。ボールの中心を蹴る必要がある。

この場合、さらに体重を乗せることが重要だ。これも良い姿勢が求められる。右足を振り上げるためには、左足で踏み込んで体を激しく捻《ひね》る。そこからボールに体を放り込むようにする。足はほとんど振り切らない。爆発するように短くボールに当てる、それがコツだ。

ディフェンダーとフォワードの蹴り方の違いは、頭の使い方でもわかる。ディフェンダーの場合は頭を少し後ろに残していて、フォワードは逆に前に押すような形になる。

とくにこの二つの技術を、他の誰よりも使いこなしていたのはロナルド・クーマン（元オランダ代表DF。クライフ率いるバルセロナでプレー）だ。彼は強力な脚力を効率よく使う方法を熟知していた。このことからも優れたテクニックのほうが、単純な力より効果的なことがわかる。

私は今でもクーマンがユトレヒト戦で、ゴールから約20メートルのところからいきなりシュートを放って決めた素晴らしいゴールを覚えている。彼は体全体の体重をシュートに乗せていたが、足は振り抜くというよりわずかに曲げた程度だった。

きちんとボールを蹴るうえで、正しい姿勢は前提条件だ。姿勢が悪ければボールのミートポイントも正確に捉えることができない。たとえばボールに近すぎると、立ち位置が真上すぎて腕の力を使うことができない。さらに足の甲のごくわずかな部分でしか蹴れないため、ボールを捉える面積も小さくなってしまう。

基本姿勢がよければ、しっかりとボールの下から球を捉えることができ、より効率的なキックができる。

何度も言うようだが、これは基礎技術なので繰り返し練習すれば必ず上達することができる。根気よく習得していけば、ロングパスの種類を増やすことも可能だ。

一番シンプルな練習は、遠く離れた目標を狙って蹴ることだ。次に距離は変えずに、ボールが描く弧の角度を下げることに挑戦する。この練習を続ければ、最終的には地面すれすれのライナー性のボールが蹴れるようになる。同じ強さと同じ距離だが、低くて相手にとって処理が難しいボールのほうが効果的だ。

誰がどの年齢でどのような練習ができるかを判断するのは難しい。基本的にシュートとパスは年齢に縛られていない。ボールを蹴るとき、パスを出すときには、フィジカルな要素より、技術面や体の使い方のほうが重要だからだ。このことからも私は10歳、12歳、15歳と、どの年代の子供たちもキックの練習を一定時間しても問題ないと思っている。

ただし、ウォーミングアップがとても重要だ。とくにユースチームが試合前に行なっている練習には驚かされることが多い。いきなりロングパスの交換をし、ペナルティーキックを思いっきり蹴る。けがをしてくれと言っているようなものだ。

ボールを蹴る場合、体の準備ができている必要がある。時間をかけて、ウォーミングアップをやるべきだ。最初は短い距離のパス交換から始めて、徐々に距離を伸ばす。完全に体が温まったら、思いっきりシュートを打ってもいいだろう。こういう積み重ねがけがの予防になる。

クーマンは強力な脚力を効率よく使う方法を熟知していた

Koppen 9

ヘディング

私にとってヘディングは、ただボールに頭をぶつけるだけの動作ではない。もっと複雑な要素が絡み合っている。そしてドリブルやパスなどと同様に、誰もが伸ばすことができる技術だ。ここでも重要なのは辛抱することである。

大抵の子供たちは、ヘディングに対する先天的な恐怖を持っているだろう。まずはこの壁を越えなければならない。だから慎重に始めるべきだ。練習を順序立てて組み立てることが結果を左右する。

辛抱して、いいボールを使う。8歳の子供に固すぎるボールでヘディングの練習をさせることは愚の骨頂だ。最初の練習は空気を入れすぎていない「生きた」ボールを使おう。皮革のボールは最適だが、コーティングされたボールはヘディングには向かない。

練習を始める前に、ヘディングの技術は四つの基本要素から成り立っていることを認識してほしい。

1 姿勢

ヘディングの直前は上体の重心を少し後ろにそらすようにする。これは胸でボールをトラップするときと同じ姿勢だ。ボールを捉えるときは、体をスイングして球に向かっていく。

2 バランス

腕を有効に使うことでバランスを保つことができる。

3 タイミング

4 頭でボールを当てる

攻撃時と守備時のヘディングには違いがある。守備の場合、ボールが上方向に飛ぶように狙い、逆に攻撃時には叩きつけるように放つのが基本だ。

攻撃時のヘディングのほうが難しいことは明らかだ。まあいい、その前にまずヘディングの基礎の話をしよう。最初に身につけるべきは、ボールをきちんとミートすること。初めの練習では二人で向かい合い、お互いヘディングし合うことから始める。額でボールの中心の少し下に当てる。この基礎は、守備時のヘディングで守るべき原理と同じだ。痛みがあるかないかでボールを的確に当てているかを判断できる。額でしっかりボールの中心のわずか下に当てていれば、痛みを感じることはないはずだ。

これができるようになったら、練習する人数を6名に増やす。3名ずつ2列に並び、入れ替わりながらヘディングでパス交換をする。この練習ではただヘディングするだけでなく、タイミングの感覚を養うことができる。

選手たちを輪になるように並ばせて、中心に1名を配置し、つねに真ん中の選手がまわりの選手へヘディングすれば、さらに練習のレベルを上げることができる。この練習の目的は、頭でボールをコントロールする技術を身につけることだ。

この練習方法にもう一つアクションを付け加えると、同時に複数の技術を磨くことができる。たとえばボールをダイレクトに他の選手に出すのではなく、頭でトラップし、その後狙った相手にヘディングする。

この練習は、ジャンプしないで行なう。重要なのはいいボールを使用すること。固すぎない「生きている」ボールだ。空中でヘディングするのは第二段階だ。空中でのヘディングについても、慌てず、辛抱強く続けることが必要だ。最初はボールを手で投げてもらい、空中で相手に返す練習から始めよう。ここではヘディングのテクニック以外に、タイミングも学べる。この練習も拡張することができる。

ここまでは守備時のヘディングの練習だ。だが、ボールを投げる相手がキーパーの役割を担えば目的を変えて、攻撃時のヘディングに取り組める。

この場合ボールを当てる位置が変わる。今までは中心の少し下に当てていたが、攻撃的な場合は中心より少し上を狙う。重要なのは跳躍したときの最高点でボールを捉えることだ。頭はボールより下にあってはいけない。最低でもボールと同じ高さ、できることなら少し上にあるぐらいが望ましい。

私はつねにすべての練習を両足でやらなければならないと言ってきた。ドリブル、ボール運び、シュート、パスは左足でも右足でも同じようにできるべきだ。おかしく聞こえるかもしれないが、ヘディングに関しても同じだ。右利きの人は比較的、左肩越しにヘディングするほうが得意だ。ただ、ディフェンダーとしては右からのクロスに対して、右肩越しにもヘディングでクリアできるようになる必要がある。だからヘディングの練習でも、左だけでなく、右でも行なえるよう練習するべきだ。

攻撃時のヘディングを、さらに掘り下げよう。二つの要素に分類できる。「テクニカルなヘディング」と、いわゆる「叩きつけるヘディング」だ。前者はたとえばコースを狙うときのもので、精度の高い技術が必要だ。

一方、後者のヘディングの目的は「得点を決める」ことだけだ。

この二つのヘディングに関しては、それぞれ異なるクオリティーが必要になる。ごくわずかな選手しか、この技術をマスターしていない。マルコ・ファン・バステン（元オランダ代表FW。アヤックスやACミランで活躍）やハンス・ギルハウス（元オランダ代表FW。ガンバ大阪で2年間プレー）などは前者のテクニカルなヘディングを得意としていた選手たちだ。とくにギルハウスは独特のタイミングを測る感性を持っていた。身長は高くなかったが（ギルハウスの身長は178センチメートル）、彼は最高到達点で一瞬空中に停止するかのように留まることができたため、よりボールを正確に狙えた。

クラース・ヤン・フンテラール（オランダ代表FW。シャルケに所属）、ウィム・キーフト（元オランダ代表FW。アヤックスやトリノでプレー）、ジョン・ボスマン（元オランダ代表FW。アヤックスやアンデルレヒトでプレー）は後者のカテゴリーに属し、ネットを突き破るような強烈なヘディングを放てる選手たちだ。私はボスマンがアヤックス時代にフローニンゲン戦で決めた決勝点を鮮明に覚えている。表現するのが難しいのだが、頭でボールにぶつかりに行くような形で、彼のヘディングはショットガンのような威力だった。素晴らしいシュートだった。これは彼のスペシャルな武器と言えるだろう。

どちらの例にあげた選手たちも、ヘディングの基本を完璧にマスターしていた。姿勢もいいし、体のバランスもいい。タイミングを間違えることもなければ、ボールを完璧に捉えることができる。とくに彼らは大きなプレッシャーのなかでも、確実にゴールの枠を捉えることができた。

ヘディング時に姿勢を維持するために、腕の使い方が重要な要素となってくる。踏み切るときには腕を広げることが大事だ。これを怠らなければ、ジャンプ中に相手がぶつかってきても、腕で衝撃を受け止めることができるので体のバランスを崩すことはない。あとはやるべきことを完璧に実行できるかどうかの問題だ。テクニックの見せ所でもあり、8歳の子供が簡単に身につけられるものではなく、厳しい修練が必要だ。

正確なヘディング技術を習得するには、長い年月をかけて繰り返し練習するしかない。12歳ぐらいまでは素直にヘディングの技術を学ばせるのがいいだろう。子供たちが楽しく覚えるためのゲーム形式の練習はいくらでも考えられる。

Koppen 9

ヘディング

13歳ぐらいになるとジャンプするという要素が加わることで、さらに長い修行期間が始まる。この時期には「飛ぶ」、「タイミングを合わせる」という二つの技術を同時に学ぶため、習得に時間がかかる。基礎要素をすべて使いこなせるようになったら、センタリングからヘディングして決めるという練習にステップアップできる。基本ができていないのであれば、やるべきではない。なぜなら基礎技術が足りなければ、難しい練習をやっても意味がないからだ。

最後にあらためて強調すると、ヘディングを習得するには忍耐が必要だ。しっかりとした土台を築くためには焦ってはいけない。定期的に繰り返し練習することが重要だ。それが成功の確率を上げる唯一の方法だ。

正確なヘディング技術を身につけるためには、長い年月をかけて繰り返し練習するしかない

Stoppen van de bal

10 トラップ

ボールを止めることはサッカーでもっとも重要な要素だろう。なぜならボールをコントロールできない選手は、サッカーをすることはできないからである。トラップの面白いところは手以外であれば、体のどの部分を使ってもいいことだ。ボールはさまざまな高さで向かってくる。このことを念頭にトラップについて段階を踏んで説明しよう。まずは上半身からだ。

■頭

ボールを頭でコントロールするためには、ボールと同じ動きをしなければならない。ヘディングと反対の動きだ。ヘディング時はボールに向かっていったが、頭でトラップする場合はボールを受け止める動作になる。膝のクッションをうまく使い、上半身の動きで勢いを殺す。ボールを受けるのは額の中心だ。

■胸

胸のトラップは2種類ある。まずは普通のトラップ。体の姿勢はヘディングやスローインのときと同じだ。ボールが当たる瞬間に腹と足を少し前に出し、胸で受け止める。ボールと同様に上半身を弾ませよう。二つ目のトラップは、スピードが要求される場合に使う。ボールを受け止めて、コントロールしてからパスを出す方向を確認するのではなく、受けると同時にスピードを殺さずに次のプレーにつなげる。胸でトラップする瞬間、頭はボールにかぶさるようにし、逆に腰や腹は少し引き気味にする。この体勢がしっかりしていればボールは下に押しつけられ、足で即座にコントロールできる。

■太腿

太腿のどこにボールが当たった場合でも、重要なのは力を抜くことだ。力が入っていてはボールはあらゆる方向に跳ねてしまう。太腿はボールの軌道に入るのではなく、スピードを殺すように動かす。

足

一番豊富なバリエーションが考えられる部位だ。ボールを完全に止めるためには足裏を使う。これはタイミングがポイントになる。

もう少し動きのある止め方は、足の先端で止める方法だ。ボールを足の甲で移動方向に合わせて止めることで、次の一歩につなげることができる。これで貴重な時間を得ることができる。

インサイドでボールを止めることが一番多いだろう。スムーズに行なうためには膝を曲げ、ボールの上で受けられるようにする。上半身もボールにかぶさるような姿勢を取ることでボールが飛び跳ねていかない。足を延ばすことで次の動作につなげられる。

アウトサイドトラップは相手が背後にいるときか、ボールスピードを殺したくないときに使う。ボールを守るために自分と相手の間に体を入れることが重要だ。ボールを受けるとき、体は相手に体重を預けるようにする。このシチュエーションでもボールが飛び跳ねないようにするには力を抜くこと。リラックスしていれば、問題なくボールをアウトサイドに当ててコントロールできる。

以上のことは、異なる場面における経験則である。とにかく膝より下でボールをコントロールできる人間が、誰よりも早く、効率よく動くことが可能となる。私が60年代にADOデンハーグ戦で決めたゴールを人々はいまだに最高のゴールと称賛する。映像を見返すと、重要な判断はボールを止めるスピードによって決められていることがわかるだろう。ディフェンダーから私へロングボールが出された。その時点で私はハーグのケース・ワイマール（センターバックの選手）にサイドライン付近で後ろからマークを受けていた。中央にスペースを見つけていたので、インサイドでトラップすると同時にその空いているスペースにボールを出した。ボールを止めるだけでなくボール運びまでを一連の動作で行なうという最適の動作で、一瞬で相手の視界から消えることができた。

トラップ一つで時間を作り出せることができる選手は、現代であればシャビ（スペイン代表。バルセロナに所属）で、私の時代ではアーノルド・ミューレン（元オランダ代表MF）だろう。とくに一番難しい足の甲でのトラップを、ミューレンは誰よりもうまく使いこなしていた。彼は自転車を漕《こ》ぐような動きで、次の動きに最適な場所に必ずボールをコントロールした。たとえば一番集中力が必要と思われる、右足で止めて、左足で扱えるようにボールを置くというプレーだ。さらにミューレンはトラップすると同時に対戦相手から離れることができた。

両足利きだったので、つねに2方向に行くことができた。そのおかげで、ボールを失うことはほとんどなかった。

このことからもあらためてトラップに関しても、両足で練習することが重要だということがわかるだろう。いい「ポゼッションプレー」のためにも、どちらの方向にでも自在に行けるようにならなければならない。

■スローイン（練習）

最初はなるべくシンプルに行なうこと。まずは難易度を下げるために、正確に狙える距離で投げるようにしよう。狙う部位は頭、胸、太腿、足のどの高さでもいい。

■スローイン

2名の選手がお互い向き合って、胸の高さに投げることで二つの練習を同時にできる。片方はスローインで相手に投げ、もう一方は胸でトラップする。スローインと胸トラップは同じ動作を要するので、同じ練習をしていることになる。

■蹴る

トラップの練習をする際、蹴るほうは意識して強く蹴ったほうがいい。大抵のピッチは平らではないので、弱く蹴るとボールは地面の影響を受けて弾みやすくなってしまう。逆にトラップを難しくしてしまうのだ。強く蹴ったほうが、ボールが弾むことが少ないため、受け手はコントロールするのも簡単だ。

■テンポ

トラップとパス。これは3人一組で練習するのが一番いいだろう。それ以下の人数だと始めのうちはテンポが速すぎる。この練習では規律が重要だ。ボールを止め、右に一歩踏み出し、左足でパスを出して次は逆足で行なう。ここでも強く蹴ることが大事だ。強く蹴らなければ、この練習にリズムが生まれない。

■ポゼッションプレー

「ポゼッションプレー」（詳しくは次章を参照）の基礎はツータッチプレーだ。トラップでワンタッチ、パスを出すのにワンタッチ。そしてつねに動いていることが求められる。ボールを止める際にはアーノルド・ミューレンのように、次のプレーにベストな場所にトラップするのを心がけよう。「ポゼッションプレー」の練習はゲーム形式の4対2、4対3や5対3で行なうのが最適だ。「ポゼッションプレー」はトラップの最終段階といえる。これまで話したすべての要素が必要だ。トラップの最終段階だが、次の章の「ポゼッションプレー」の始まりでもある。

アーノルド・ミューレンは、トラップ一つで「時間」を作り出すことができる選手だった

Positiespel 11

ポゼッション

「ポゼッションプレー」(positiespel) をどのように実行するかを話す前に、まずはその用語が何を意味するを説明しよう。「ポゼッションプレー」とは、ボールを持ったプレーヤーに二つもしくは三つのパスの選択肢を作り出すプレーのことだ。

これができればサッカーは非常に簡単なものになる。このプレーの練習で学ぶのは、スペースを有効に使い、パスを受けられるポジションを取ること。まずボールを奪うための動き方を覚え、ボールを奪った後はできるだけ長くキープできるように練習する。

「ポゼッションプレー」は数十個のバリエーションから成り立つ。シンプルなものから非常に複雑なものまであり、選手の実力に関係なく練習をすることができる。ただし、最初の導入が難しいため、初期段階は慎重に指導しなければならない。

● チーム(11名)でなるべく大きな長方形のピッチを使い、中央には3～4名の選手を配置する。

●中央の選手にボールを奪われないようにパス回しをしよう。一人のタッチ数は多くても2タッチか3タッチに制限する。

●ここで重要なのはボールを持っていない選手がフリーになってパスコースを作るための動き方を学ぶこと。ほとんどの場合は1歩多くもしくは1歩少なく動くことでフリーになれる。

初期段階ではコーチが密に指導することが重要だ。選手がポジショニングを間違ったときには即座に指摘すべきだ。たとえば受け手は無意味に出し手から離れるのではなく、2~3歩ステップを踏んでフリーになり、簡単なパスコースを作ることで問題を解決できる。

●良いポゼッションと悪いポゼッションの違いを初期のうちに明確にするために、まずはピッチの四隅に選手を固定し、中央には2名を配置する。四隅にいる選手だけではパスを回しつづけることはほぼ不可能だろう。一度か二度パスを出す間に取られるはずだ。

●次は選手たちを四隅ではなく四辺の間に配置しよう。先ほどと違ってパス回しは格段と楽になるはずだ。四辺の選手たちはわずかに動くだけでパスコースを作ることができ、さらにはお互いの距離が縮まることでボールを奪われるリスクも下がる。

先ほども述べたが、練習する選手たちの技術レベルに合わせてポゼッション練習の難易度も自由自在に変更できる。ピッチを狭くし、ボールを回す選手と奪う選手の比率（たとえば3：2や4：3）を変えることで難易度を上げられる。

私がとくに有効な練習方法と思うのは8メートル×8メートル四方のピッチを使って15名のグループで行なう練習だ。中央には3名の選手たち、残りの12名は各辺に3名ずつ配置する。中央の3名はボールを奪うための襲い方（追いつめ方）を学び、残りの12名はなるべく長くボールを支配することにトライする。

ボールの追い方だが、まずは一人がボールに襲いかかり、その間に残りの2名はボールホルダーのパスコースを潰《つぶ》すポジションを取ることで相手にプレッシャーをかける。

どちらの場合もどのように動くかが鍵となっている。もし3名のなかの一人が見当違いな動き方をすれば残りの2名の労力は無駄になってしまう。逆に同じ間違いをパスをつなぐ外側の選手が犯せばボールを失うのに時間はかからないだろう。

「ポゼッションプレー」を的確に行なうためには選手の動き方が重要だ。誰かにパスが出されたら、その瞬間、他の選手たちが次にボールを受けるために動き始めていなければならない。

理想のシチュエーションは全員がボールを一度しか触らなくていいときだ。この状況こそもっとも効率よくプレーができていて、ボールテンポも一番速い。

他の要素のように「ポゼッションプレー」にも、より簡単に実行できるようにするためのコツがある。すべてのプレーヤーがパスの出し手の視野に収まるようにポジションを取るのだ。もし一人を見失えば、出し手自身がその仲間を視野に入れるように動いて修正するか、見失った選手に出し手の視野に入るように指示することで解決できる。

基本的には幼い年代から「ポゼッションプレー」の練習を始めることはできる。若ければ若いほどいいが、最初は必ずシンプルにしておくことを忘れてはいけない。なるべくスペースを多く与えて、中央の選手たちには自由に動き回らせよう。少しずつシチュエーションの認識をさせるようにすればいい。だがプレーを止めて説明するのは稀《まれ》だ。そこまでするのは明確な間違いがあった場合だけだ。たとえば本当にどこにもボールを出せるコースがなかった場合はいったんプレーを止めて、どの選手が動くことで状況を打開できたか教えればいい。

　また、この練習にはつねにキーパーも参加させよう。スタンリー・メンゾ（元オランダ代表。おもにアヤックスでプレー。2004年から2年間、オランダ代表のGKコーチを務めた）やエドウィン・ファン・デル・サル（元オランダ代表。アヤックスやマンチェスター・ユナイテッドで活躍）のようなタイプを見れば、キーパーがピッチ上のシチュエーションを把握していることがどれほど重要かわかるだろう。さらに言えばポゼッションはキーパーの基礎だ。なぜなら視野の広いキーパーのほうがより守備陣をうまく統率できるからだ。

　初期段階に有効な他の練習はハンドボールだ。新しい「ポゼッションプレー」のバリエーションを導入する際には足を使ってはできないことを、先に手を使って覚えさせるのはいいことだ。フリーになる、まわりを見てパスを出す、という一連の動作をいきなりマスターさせるのは難しい。まずは手を使ってシチュエーションに慣れさせることが重要だ。視野が開けたら次は足を使って（サッカーとして）練習することで次のステップに進める。「ポゼッションプレー」がどれだけ重要かは70年代のアヤックス、フェイエノールト、そしてオランダ代表の国際的な活躍を見ればわかる。成功の基礎は「ポゼッションプレー」をマスターしていることだった。

　この分野におけるスペシャリストは成熟した選手が多い。なぜならこの分野に関してはクオリティーだけではなく経験が重要な要素になるからだ。マンチェスター・ユナイテッドのポール・スコールズ（元イングランド代表）のような選手だ。

私がアヤックスのコーチだったころは30代の選手のアーノルド・ミューレン（元オランダ代表。85年、34歳のときに古巣のアヤックスに戻って来た）やロナルド・スペルボス（元オランダ代表。84年、30歳でアヤックスに加入）などが「ポゼッションプレー」の基礎を他の誰よりも把握していたので、重要な試合で強敵と対戦したときもいい結果を残すことができた。ミューレンとスペルボスはつねにボールを受けられる位置にいたし、ミューレンに至っては「ポゼッションプレー」のすべての要素を細部まで習得していた。

ミューレンがトライアングルの中心として機能しているとき、彼は味方の選手に背を向けていることはなかった。先ほども私が述べたようにミューレンはつねに自分の視野のなかに味方をとらえていた。さらには誰よりも効果的な選択をすることで効率を上げていた。

そのことは以下の3点からもわかると思う。

- ミューレンはつねにボールを最適のスピードで扱っていた。
- つねに相手の利き足にパスを出していた。
- ミューレンがパスを出す場合、受け手は必ず相手から離れてパスを受けられた。

Positiespel
ポゼッション 11

これより前の章ではサッカーの純粋な技術面を取り扱ってきた。だがこの章を読めばサッカー選手も頭を使ってプレーしなければならないことを認識してもらえたと思う。それがより良いサッカー選手になることにつながる。

1970年代のオランダ代表が国際的に活躍できた理由は、
何よりポゼッションプレーをマスターしていたことだ

12 フリーキック（攻撃側）

技術、戦術、そして確率を計算する感覚がフリーキックに必要な要素だ。フリーキックは対戦相手と直接対決する瞬間であり、最初にやることは相手のミスを探すことだ。なぜなら相手がどのように選手を配置しようが、必ずどこかにウィークポイントはあるからだ。フリーキックの真髄はその弱点を見つけることができ、さらにボールを狙ったとおりのところに蹴れることだ。

もちろんフリーキックにもさまざまなバリエーションが考えられるが、どのようなシチュエーションでも必ず以下の三原則が当てはまる。

- 相手を欺《あざむ》くために十分な人数をかける
- つねに右利きと左利きの選手をキッカーに任命する
- 必ずすぐ横にパスを出せるように選手を配置する

他の重要な要素は、短い時間で効率のいい選択をすべきということ。この場合、アイデアを考えるだけでなく、自分が思いついたプランを実行する技術が必要だ。この前提条件が整ったら洞察力とチームワークを考慮し、各プランの確率を計算する。

ゴールキーパーには必ず死角が生まれる。壁の配置後、基本的には7メートルの範囲を守る必要があるが、一般的な身体能力を兼ね備えたキーパーだと6メートルの範囲を守るのが限界だ。これを踏まえたうえで壁が配置された後、キーパーがどこにポジションを取るかを観察することが大事だ。最後の段階でキーパーのポジション修正の逆を取るために、先ほど述べた三原則が重要になる。

攻撃側から見てゴールの右側から狙う直接フリーキックを考えよう。壁を配置した後、キーパーは左側の遠いサイドにポジションを取るだろう。この場合は9割方、左利きの選手が壁を越してゴールの右隅を狙う。右利きの選手でも狙えないことはないが、右利きの場合はボールの左側から助走を取るため、壁の横からその動きがキーパーに見えてしまう。蹴るタイミングがわかってしまうのでキーパーにとっては止めるのが簡単になる。

もう一つの方法はキーパーが動き出すのを待ち、強烈なシュートで彼の軸足の横を抜くことだ。これは遠いサイドを狙ったときがいいだろう。ゴールも遠く、ボールの滞空時間も長くなってしまうが、その反面キーパーにとってもボールは見づらい。キーパーの逆足に重心がかかったときに十分な強さでボールを蹴れれば成功率は上がるだろう。

私はすでに直接フリーキックも間接フリーキックも確率論の問題だということを書いた。だからこそ相手を惑わす工作が重要なのだ。守備側を惑わせば惑わすほど、こちらのプランを隠すことができる。これ以外にも濡れているボールか乾いているボールなのか、もしくは風の有無や若干の距離の違いなど、すべてが興味深いポーカーゲームの要素となる。

近年、守備側が対応しきれなくなり、フリーキックはサッカーのより重要な要素となった。この変化はスペシャリストを育んだだけでなく、自己中心的な主張を強めることになった。とくにイタリアでは選手たちがフリーキックを利用して、その日のヒーローになるために躍起になっていることが多い。

スペシャリストの増加は、フリーキックも練習しだいでうまくなれることを証明している。基本的には持って生まれた才能がベースにあることは間違いない。フリーキックの感覚を持っている選手は、必然的にさらにその感覚を伸ばすために練習するようになる。私の言う感覚とは、ゴールまでの距離に合わせてボールを蹴る技術のことだ。どのように、どれくらいの強さで蹴るかを計算できなければならない。

ちなみに私はフリーキックの練習に口を挟むことはない。試合中は選手たちが自分たちで解決法を模索しなければならないのだから、練習中も選手たちで最善の方法を考えるようにさせればいい。フリーキックのようにとくに感覚がものをいう場合、監督やコーチが口を挟んで強制させることに意味はない。だからこそ私はつねに選手たちに委ねていた。

フリーキックを分けるとすれば、3種類に分類することができる。

■テクニカル・フリーキック

まずはミシェル・プラティニ（元フランス代表）、ディエゴ・マラドーナ（元アルゼンチン代表）やピート・カイザー（元オランダ代表。74年W杯で1試合に出場）などが得意としていたテクニカル・フリーキックだ。ゴールのどの隅でも自在に狙え、キックの精度に長けている選手たちが得意とするタイプ。

■パワー・フリーキック

次はパワー系のフリーキックだ。ロナルド・クーマン（元オランダ代表）やピエール・ファン・ホーイドンク（元オランダ代表。フェイエノールトでは小野伸二のチームメイトだった）のように、いわゆる弾丸のような強烈なボールを蹴れるタイプ。しかも正確性を合わせ持っている。ファン・ホーイドンクはさらに回転をかけることも得意としていたが、私は彼を〝カイザー〟より〝グーマン〟タイプだと思っている。

■コレクティブ・フリーキック

三つ目のバリエーションはチームワークが重要な要素となるコレクティブ・フリーキックだ。何が起こるかわからないから、見る側からすると一番面白い。バリエーションも選手たちの創造力しだいだ。壁に味方をもぐりこませる、ボールの前に立つ、複数の選手たちが走り込むなど何でもありだ。トリックプレーの宝庫だ。

私は完璧なチームプレーが生んだウィム・レイスベルヘン（元オランダ代表。74年W杯と78年W杯の準優勝メンバー。おもにフェイエノールトで活躍）とバリー・フルソフ（アヤックスが70年代にチャンピオンズカップ三連覇を成し遂げたときのメンバー）の二つの得点を鮮明に覚えている。オランダ代表時代、私たちは一度ボールを軽く横に出すことで壁を動かそうとした。さらに一工夫して、もう一度軽く横に出した。普段このようなシチュエーションに絡むことがないディフェンダーのウィム・レイスベルヘンは、誰にマークされることもなく走り込んでゴ

相手がどのように選手を配置して壁を作ろうが、必ずどこかにウィークポイントはある

ールを奪うことができた。

アヤックスがセルティックと対戦したチャンピオンズカップ（現チャンピオンズリーグ）の一戦では、全員の裏をかき、私たちのストッパーのバリー・フルソフが妨害されることなく壁を巻いて決めることができた（71年3月10日、アヤックスはホームでセルティックと対戦して3対0で勝利。得点者はクライフ、フルソフ、カイザー）。相手のキーパーはピート・カイザー（元オランダ代表）、ヨハン・ネースケンス（元オランダ代表。クライフとともに74年W杯に出場）、ゲリー・ミューレン（元オランダ代表。70年代にアヤックスやベティスで活躍）のフリーキックを想定していたので、気がついたときにはとっくにボールはゴールに吸い込まれていた。

最後にペナルティーエリア内での間接フリーキックに関して一言述べたい。ボールを後ろに戻すのではなく、前に出しているのをよく見る。だがこれは愚かな間違いだ。ボールが敵に近づけば近づくほど、シュートコースは狭まる。

だから前ではなく、後ろに出すべきだ。ボールは密集地帯から遠ざかるようにし、スペースを作り出さなければならない。最初に述べたようにフリーキックは確率論の問題だ。やるべきことは、その確率を少しでも上げることだ。

13 フリーキック（守備側）

技術、戦術そして確率を計算できる感覚が、フリーキックでは重要だと前の章で述べた。攻撃側のフリーキックにおける「黄金三原則」だ。守備側に求められるのは、この三原則が成立する可能性を少しでも下げることだ。

しっかりとした事前の約束事、洞察力、そして精神を落ち着かせることで、かなりうまく対応できるはずだ。何が言いたいかというと、攻撃側のさまざまなトリックに対しては、冷静でいることが一番の武器だということ。パニックに陥ってはいけない。冷静にシチュエーションを見極めることが重要だ。

この点に関してはキーパーが手本になる必要がある。なぜならキーパーが守備陣を統率し、フリーキックを防ぐためのプランを提案しなければならないからだ。壁の配置、自らのポジショニングなどは彼の仕事の一部で、つねに状況を把握すべき立場だ。

また、冷静沈着でいるためには、なるべく動かないことが重要だ。先に動いてしまうと、ほとんどの場合手遅れになる。良いスペシャリストはキーパーが先に動いて間違った方向に体重が乗ったタイミングを待ち構えていて、その瞬間に自分の特技をさく裂させる。だからそのチャンスを与えてはいけない。

落ち着いているキーパーは視野も広いため、ニアサイドのボールにもファーサイドのボールにも対応できる。基本的にはニアサイドは壁で守っているため、この方向に蹴られたとしても反応するための時間は十分あるはずだ。

もし攻撃側がファーサイドを狙った場合、ボールの滞空時間が長くなり、キーパーにとってはアクションを起こすための時間が生まれる。惑わされていなければ、視野を確保することで失点のリスクを限りなく少なくできるだろう。

ちなみにどのようにキーパーがポジショニングを取ったとしても、簡単な計算式によってつねにゴールの横幅（7・32メートル）のうち1メートルから2メートルほど守れない部分があることが判明されている。人間の能力としては6メートルが守れる限界範囲だ。この問題をクリアするために、残りの2メートルは壁を使って守らなければならない。この組織を統率するのはキーパーの役目だ。もしフリーキックのボールが壁に当たったとしたら、キーパーがちゃんと仕事をしていたという証だ。

いまだによく見かけるが、絶対やってはいけないことは壁が勝手に動いてしまうことだ。

壁に立っている選手が怖がって後ろを向いたり、ボールを見ずに飛び出してボールの軌道に体を放り出したりすると、十中八九決められてしまう。ミスによって引き起こされる代償は大きい。しかもルールを守っていれば起きなかったヒューマンエラーだ。

もっとも、すべてのルールを守り、壁もしっかり配置していたとしても、完璧にゴールの上隅に蹴られると防ぎようがない。この場合は誰の責任でもないので、ただただ相手を称賛すればいい。パーフェクトなボールは止められないのだ。

守備側にも攻撃側を惑わせるための方法はいくつもあるが、そのためにはスタンダードモデルから逸脱する必要がある。

簡単なオプションとしては、あえてキーパーが守っているサイドに壁を配置することがある。壁には4名から5名の選手を配置する。壁の2メートル横にさらに1名を配置しよう。ボールがこの選手の外側を通過した場合、シュートは枠をはずれているだろう。ボールにもっと回転がかかっていれば、この選手に当たる。ボールが壁にも当たらず、外側の選手との間をすり抜けた場合は、キーパーが簡単に止められるはずだ。

ちなみに私は壁を置くことに関してあまり前向きではない。自分がキーパーだったら、ニアサイドを守るために2名、そしてファーサイドを守るために2名を壁として配置し、自分は中央部分の6メートルを守るようにする。二つの壁の間から、つねにボールを視野に捉えることができる。こうすることで、攻撃側とキーパーの個人勝負に近づけられる。私は壁を配置すると、スペシャリスト側に有利な要素を与えてしまうと考えている。だから私がキーパーであれば、相手の視線を見て、どちらがより冷静でいられるかの勝負を行ないたい。

ただ、監督やコーチとしての立場からは、このような方法は絶対に推奨しない。キーパー自身が自分で最適と思える配置を決めるべきだ。だからフリーキックの守備に関してはスタンダードのルールはない。壁を完全に片方に配置して自分でもう一方を守るのも、間接フリーキックでペナルティーエリア内の壁より前にポジションを取ったとしても、どんな配置にしたところでメリットやデメリットは必ずある。まあ、フリーキックであまりにも失点が重なった場合は、少しばかり指導したほうがいいかもしれない。

ユース年代の選手の場合でも、彼らの好きなようにやらせるべきだ。ただフリーキックは確率論なので、その点に関しては少しばかり説明してあげるべきかもしれない。彼らにはあらゆる可能性のなかから、自分で選択することを学ばせるべきだ。たとえば長身の選

私がキーパーであれば、壁を置かずに、相手の視線を見てどちらが
より冷静でいられるかの勝負をしたい

手を壁の外側に配置することで、空けているサイドを狙うのを難しくするなどだ。こうすることで決められる確率を下げられる。

つねに全体を冷静に見ることが大切である。

■キーパーに求められる三つの要素

- 壁を適切な場所に配置する
- キーパーはフリーキックを蹴る選手の視線が見える位置にポジションを取る
- 全体を見渡し、冷静さを保とう。そのためには最小限の動きに抑えるようにする

コーナーキック

フリーキックのときにも述べたが、セットプレーの重要性が増してきた。徹底的な研究により、効率が格段にアップした。これはコーナーキックにも言えることで、基本的には守備側が不利な状況からスタートする。

まずは攻撃側のオプションから話そう。ここでも確率の計算が欠かせない。ヘディングが強いディフェンダーはいるのか？　キーパーは大きいのか小さいのか？　キーパーの前には何名のディフェンダーが配置されているのか？　すべてを考慮すべきだ。どこかに守備の穴を見つける必要がある。

簡単な方法としては、数的有利な状況を作り出すことだ。一見きっちりと組織されていて1対1の戦いでは有利な状況を作り出せそうにないところにも、不確定要素を見出すことができる。

スタンダードなトリックは、相手にショートコーナーを使うと思わせることだ。2段コーナーである。守備側はコーナーフラッグ付近の選手をマークするために、中央から一人を割かざるを得ない。このシチュエーションではコーナーフラッグとニアサイドのゴールポストの間に一人、ニアポストの守りに一人、ゴール前の5メートルゾーンを守るのが一人。結果、攻撃側二人（コーナーを蹴る選手とその「アシスタント」）のために4名のディフェンダーが必要になる。どこかに穴が生まれることは明らかだろう。

次は緩《ゆる》いボールによるコーナー、もしくはヘディング力を最大限利用したコーナーだ。もしチームに長身の選手がいなければ密集地帯を避けたほうがいい。そのためにはニアサイドを狙ったふわっと曲がるボールがいい選択肢だ。ニアサイドの選手がヘディングでそらすことで走りこんだ選手たちに可能性が生まれる。

もしそれができなかったとしてもとくに問題ではない。スピードが緩いふわっとしたボールのため、ディフェンダーが遠くへボールをクリアすることはできないからだ。

そうすると今度はペナルティーエリアの外にいる第2列が重要になる。20メートルぐらいの位置までボールはクリアされるかもしれないが、攻撃側はそれを見越したうえでこぼれ球を狙うのだ。

攻撃側がヘディングの強い選手たちをそろえているのであれば、できるだけ強いボールを蹴りこむべきだ。攻撃側の選手はボールに頭を当てるだけでいい。

もしフィジカルが強くて、さらに空中戦も強いキーパーがいた場合、強く蹴るだけでなく、さらにゴールから遠ざかるようなボールにすべきだ。

対戦相手のキーパーがこういうボールへの対処が不得意であれば、さらにパニックを誘発することができる。たとえば身長の高い選手を2名ニアサイドに配置し、ボールを裏にそらすのだ。

ロングボールでペナルティーエリアの遠いところから、ヘディングで折り返す方法もある。ニアサイドにはタイミングを見て一人か二人が走り込んでゴールを狙う。さらにペナルティースポットに再度折り返すこともできる。その場合はもちろんペナルティースポットに二人の選手が待ち構えてなければならない。

簡単にまとめると、コーナーを生かすためにはさまざまな楽しい方法を考えられるということだ。

他のシチュエーションと同様に、攻めているときには権利だけでなく、義務もあることを忘れてはいけない。たとえば右サイドのコーナーキックの場合は右サイドハーフの選手を配置する場所が重大な要素だ。彼がカウンターを防ぐ役になるからである。右サイドからのコーナーは、右サイドハーフの方向にクリアされることが多い。攻撃側のチームはそのエリアを守備を見越して管理し、チャンスをピンチに変えないようコントロールする必要がある。

守備側がとるべき対策も、さまざまなバリエーションを考えられる。これに関してはとくに私がバルセロナの監督をしていたときに取っていた方法を中心に話したい。私の好みの問題だけでなく、多くの人にもわかりやすいからだ。

私はがちがちに守ることを好まない。これはコーナーでも変わらない。私はペナルティーエリア内を11人全員で守るようなことはしたくない。多くのトップクラブでこの戦術が採用されていることが不思議なくらいだ。この方法のデメリットはクリアしたボールも相手ボールになるためつねにプレッシャーにさらされることだ。それにキーパーが動けるスペースを奪ってしまうことになる。私は視野を保つことを重要視しているのでスペースは不可欠だ。

後で詳しく触れるが、対応策としてフォワードをあえて守備に参加させず、前線に残すことがあった。状況の役割を逆転させることで相手の動揺を誘い、惑わせた。相手に合わせるのではなく、自分たちが主導権を握るのだ。

当時のバルセロナはヘディングが強い選手がいなかった。だからペナルティーエリアは空にする必要があり、空のまま保持しなければならなかった。一番シンプルな方法はなるべく相手にコーナーキックのチャンスを与えないことだ。そのため私はチームをできるだけゴールから遠ざけるようにプレーさせた。こうすることで10本生まれたかもしれないコーナーキックを2本に抑えることができ、問題を10回解決するのではなくたった2回解決すればよかった。

その二度のコーナーで私が率いた「小さなバルセロナ」は、大概はディフェンスの選手だったが、つねにヘディング力の強い対戦相手と対峙させられた。この対応策として私はロマーリオ、ストイチコフとラウドルップを前線に残した。あとはどちらが精神的に強いかの我慢比べだ。実際には対戦相手のほうがこの3名の攻撃陣との1対1を回避することのほうが多かった。相手は4名のディフェンダーをバックラインに残す選択をしたため、私たちのペナルティーエリアに基本的に4名しか攻撃者を配置できなかった。なぜならカウンターを防ぐために一人は中盤のスペースに残さざるを得ないし、一人はコーナーを蹴るからだ。

たった4名の攻撃陣をコーナーで守りきることはそんなに難しいことではない。とくにキーパーは、十分なスペースがあるため視野も広く保てた。そのうえ私のチームの唯一の長身、キーパーのズビザレッタをヘディング力が強いフォワードとの空中戦に集中させることができた。これが毎試合考慮すべき問題点に対してのバルセロナの回答だった。

さらに掘り下げると、オプション1は適切なマークによってできるだけ相手のヘディング力を削ぐこと。オプション2は効率のいい振り分けでマークすること。とにかくチーム全体で解決方法を模索することだ（詳しくは28章を参照）。

それ以外に関してだが、組織はキーパーに委ねているので監督としては関与できない部分だ。フリーキックのときと同様にキーパーはディフェンス陣を自分が一番最適と思う形に配置すべきだ。一人をニアポスト、もう一人をファーサイドのポストを守らせる。これは全員がやっていることではない。重要なのはその選択をする責任もキーパーに与えることだ。

あとは集中力を維持することがコーナーキックでは重要だ。このことに気をつけていれば、悪い意味でのサプライズを起こされる可能性を抑えられる。

■3種類のコーナーキック

●ショートコーナー。コーナーを間接でやるように見せることで、守備側から一人余計に

ペナルティエリアの外におびきよせることができる

●緩いコーナー。ニアサイドを狙った緩いコーナーキックを後ろにそらすことで、走りこんだ選手たちに合わせる。失敗しても相手も遠くまでクリアすることはできない

●強烈なコーナー。なるべく強いボールで蹴る。攻撃側の選手は頭に当てるだけでいい。ニアサイドに長身の選手を2名配置すれば相手はさらにパニックに陥るだろう

De strafschop

15 ペナルティーキック

どちらの息が長くもつか？　ペナルティーキックはこれに尽きる。実質、技術はそれほど関係ない。ペナルティーキックを蹴る選手とキーパーの心理戦だ。唯一のテクニカルな要素といえば、インサイドキックで十分な強さで蹴れるかどうかだ。

なぜか？　それはインサイドならばキッカーは蹴る瞬間まで蹴る方向を変えることができるからだ。

これはこのゲームを行なううえで非常に重要なポイントだ。キーパーはとてつもなく広いゴールを守らされているように思わされ、逆に蹴る方向を変えられないキッカーは小さなゴールに対峙しているような感覚に陥ってしまう。

ペナルティーキックを蹴る選手は我慢強く、そして精神的な強さも求められる。0対0、満席のスタジアム、さらにはビッグマッチでも自分の力を発揮できるような選手でなければならない。ロナルド・クーマン（元オランダ代表）、ヘンク・フロート（元オランダ代表。アヤックスとフェイエノールトでプレーしたストライカー）やゲリー・ミューレン（元オランダ代表。アヤックスやベティスでプレーしたMF）のようなタイプだ。4対0の状況でPKを得たときに、ちょっと自分も得点を決めたいと思うような選手ではない。

そういう後者のタイプに、私は嫌悪感を抱いている。少しでも自分が目立ちたいためだけにペナルティーキックを蹴ろうとしている選手がいた場合には、私も口を出した。

私のルールでは、0対0のときに蹴る選手がすべてにおいて優先する。ただし、そのような重要な局面では、普段はPKを得意にしている選手でもその日の調子がよくなく、自ら辞退することがある。これはメンタルが弱いわけではなく、逆にプロフェッショナルな態度だ。このようなシチュエーションの場合だけ、キャプテンがキッカーを指名していい。


ペナルティーキックを蹴る場合のスタンダードな方程式がある。

どちらの方向にも蹴れるように必ずボールの真後ろに立つことだ。

右利きの選手が左サイドを狙うのであればボールを足の先端に近いほうで捉えなければならない。もしボールを右に蹴りたいのであれば、同じインサイドキックでも踵に近いほうで蹴る。

あらかじめ決めた方向に、インステップで蹴る選択肢もある。ただこの場合はどちらに蹴るかキーパーが読みやすいというデメリットがある。ヨハン・ネースケンスのように狙ったコースに強烈なシュートが放てれば別だが。

私は自分の経験から本当のスペシャリストはインサイドキックを選択していることを知っている。ロナルド・クーマンやゲリー・ミューレンなど15本中14本は決めるような当時のトッププレーヤーたちのことだ。

これを覚えさせることはほぼ不可能だろう。もともと持っているか持っていないかの話だ。私はペナルティーキックの練習をすることはあまり意味のないことだと思っている。ペナルティーキックを決めることが問題ではない。実際、決めるだけであればそんなに難しいことではない。問題は満員のスタジアム、とてつもないプレッシャーのなかでも同じことができるかで、練習では到底再現できないシチュエーションだ。

キーパーに関してはつねにできるだけ長く動かないようにし、相手にどちらに動くか悟らせないことが重要だ。しかしあえて片側に隙を与えてキッカーを惑わそうとするキーパーもなかにはいる。彼らはキッカーが自分の狙っているサイドに蹴ってくれることを願って中央からずれて守る。

ここでもキッカーは迷わされる。ギャンブルで迷いは致命的だ。

次はペナルティーキックをもらうプレーだ。選手のなかにはルールを逆手にとってペナルティーキックをもらおうとする選手たちがいる。ちゃんとルール内のフェアプレーで行なわれているのであれば、私はとくにこの件に関して問題視はしていない。大概の場合は中盤からスピードに乗っているプレーのため、守るのが非常に難しい。ヨハン・ネースケンス（元オランダ代表）、フランク・アーネセン（元デンマーク代表。引退後はスポーツディレクターの道へ。PSV、トットナム、チェルシー、ハンブルガーSVでスポーツディレクターを歴任し、現在はメタリスト・ハルキフで同職を務める）やセーレン・レアビー（元デンマーク代表。現役時代はアヤックスやバイエルンで活躍。バイエルンで一度だけ監督を務め、その後は代理人に転身。現在はファンデルファールトやスナイデルの代理人を務めている）などはこの分野のトッププレーヤーたちだった。

他のいい例は、私が74年W杯決勝の西ドイツ戦で勝ち取ったペナルティーキックだ。私は中盤からドリブルを始め、ペナルティーエリアの少し手前から加速し、ボールを少し浮かしてディフェンダーを抜こうとした。その時点の私のスピードがあまりにも速かったので、大きな問題にしないためにはディフェンダーはボールに触れざるを得なかった。

結果は明らかだろう。私の西ドイツの対戦相手（ウリー・ヘーネス）はボールを空振りし、彼の足は私の足に当たった。私はスピードに乗っていたため激しく転んだ。完全なファールで、シミュレーションではない。昨今シミュレーションを狙う選手が多くなったが、芝居のようなプレーは私は大嫌いだ。

この件に関して私が決めていいのであれば、シミュレーションを狙った選手はレッドカードで一発退場にするようにルールを改善したいぐらいだ。

そんなルールができるかどうかは別として、ペナルティーエリア内でのスライディングは大きなリスクを伴っている。できるだけ控えるようにし、やるのであれば100パーセント必ずボールを触れられる場合だけにしよう。もしその自信がないのにやったのであれば、相手にペナルティーキックを差し出しているようなものだ。相手に騙《だま》されたとしても自業自得なので文句を言ってはいけない。ペナルティーエリア内の守備では自分の前に相手の選手とボールがあるようにすればいい。それが鉄則だ。

昔、私はアヤックス時代にイェスパー・オルセン（元デンマーク代表。アヤックスやマンチェスター・ユナイテッドでプレー）とペナルティーキックを間接で決めた（クライフはペナルティーキックのキッカーを務めたが、シュートを打たず、前方にゴロのパス。クライフがボールを押し込んだオルセンが拾うと、GKを引きつけて中央のクライフにパス。クライフがボールを押し込んだ）。正直言わせてもらうと、あれはただの余興だった。0対0の状況であれば、もちろんあのようなことはしなかった。だが当時はすでに大差がついていて、試合の緊張感も失われてしまっていた。観客を楽しませるためにやったことで、目標は達成されたといえるだろう。

あれは私がペナルティーキックを蹴った数少ないうちの一つだ。私があまり蹴らなかった理由は、アヤックス（ヘンク・フロートとゲリー・ミューレン）、バルセロナ（カルロス・レクサ）、オランダ代表（ヨハン・ネースケンス）

などつねにチーム内にスペシャリストがいたからだ。

あと私が蹴ったのは、同点で終わった場合に決着をつけるためのＰＫ合戦だ。私の現役時代には試合の勝敗を決める方法が三つあった。コイントス、アメリカ式シュートアウト（ゴールから35メートル離れた地点からドリブルをし、一定の時間内にシュートする）とＰＫ合戦だ。

このなかではペナルティーキックで決めるのが一番ましな選択肢だった。最適ではないかもしれないが、これ以上の解決方法を私は考えられない。重要なのはサッカーの試合で実際に起こりうるプレーで、勝敗を決めることだ。

■ペナルティーキックを蹴るときのスタンダードルール

- ●つねにボールの真後ろに立ち、どちらのサイドにも蹴れるようにする
- ●右利きの選手は左サイドに蹴る場合は足の先端に近いほうで蹴る
- ●右を狙う場合はインサイドの踵に近いほうに当てる
- ●ヨハン・ネースケンスのように強烈なシュートでコースを狙ってもいい

16 ゴールキーパー

月日の流れとともにゴールキーパーがサッカーに関与する方法が変わってきたように思う。ちょっと白黒をつけすぎるかもしれないが、もともとこのポジションの選手たちはどちらかというとサッカーではなく、バスケットボール、野球やハンドボールなどのほうが相性が合っていそうな感じだ。実際、幼少期にこの種のスポーツをサッカー以外にも行なっていたことがあるゴールキーパーは多い。

バックパスの新ルールが導入されたとき、この特殊なポジションの選手たちはよりサッカーに関与することになった。キーパーも手だけではなく今までより足を使うことを余儀なくされた。

このため幼少期の練習方法から見直す必要があった。最初から足を使うようにトレーニングをする必要が生じた。

12歳までの年代のゴールキーパーたちは、手でボールを持ってパントキックを蹴る状況が少ないことに注目すべきだ。彼らはまだ地面に置かれたボールを遠くまで蹴ることができないため、シニアの選手たちのようにプレーヤーとしてゲーム展開に絡ませるのはリアルではない。だからユースの監督たちはゴールキーパーもミニゲームやポゼッションプレーの練習に参加させよう。それに加えて、選手たちにもっと近くでキーパーの近くでボールをもらうように指導することで、キーパーの負担を減らすことができる。

まずは原点に戻ろう。ゴールキーパーのセレクションに関してとくに基準はないので、私が述べることはあまりない。どちらかというと希望者が自ら立候補することのほうが多いだろう。私は若い時期からキーパーとして固定することに否定的だ。なぜならサッカーの魅力は誰でも行なえる数少ないスポーツだからだ。

昨今はゴールキーパーもプレーにどんどん絡む必要があり、昔のストリートフットボールなどと同じシチュエーションが生まれている。誰もゴールキーパーをやりたくない場合はプレーヤー兼キーパーとして参加して、それをまわりも楽しんでいた。キーパーの役割もプレーヤーに近くなり、ゴールから遠ざかって守ることが多くなってきているので背番号1番への興味も昔に比べたら上がっていると思う。

若いゴールキーパーの初期練習では、最初からプレッシャーを与えてはいけない。プレーをしながら少しずつ重圧にも耐えられるように指導していくべきだ。

最初に教えるべきことは転び方だ。若いキーパーには痛くない転び方を覚えさせなければならない。痛みがなければ恐怖もないので能力も自然に上がる

この時期には毎週練習すべき基本ルールがある。まずは視野を広げることと、その際の体の使い方だ。見るだけでなく、動く練習が必要だ。

その次はもちろんボールをキャッチする、ボールをコントロールするといったハンドリング。これが身についたら各シチュエーションに対応する状況判断力を鍛える。これが基本だ。この基礎をもとに段階を踏んでステップを上げていけばいい。忘れてはいけないことは完璧なサッカー選手は存在しないように、完璧なゴールキーパーもいないということだ。

育成過程において監督やコーチの影響は大きい。とくに若いキーパーの才能を伸ばすためにサポートするには、さまざまな要素を考慮すべきだ。

12歳から16歳の成長期を例にあげよう。この時期の子供たちが直面する大きな問題の一つは、キーパーの重要な要素でもあるコーディネーションだ。急に背が伸びることによって何もできなくなったと結論づけるのは簡単だが、監督に求められるのはこのような状況を認識し、それを踏まえたうえで指導することだ。徐々に選手たちも自分の体の成長に感

覚が追いつき、ゴールキーパーとしての能力も伸びるだろう。

ゴールキーパーの育成は個人指導が中心となる。同様に筋力トレーニングとスタミナを上げるための練習も必要な選手にだけ行なうべきだ。十分筋力がついているのであれば、その分の時間は他のメニューに費やすべきだ。

初期段階はとくに視野（洞察力）、体の使い方、そしてボールの扱い方を中心に指導するべきだ。これが十分習得できていれば、基本動作とテクニックは問題ないだろう。

年齢が上がり、プレー速度が上がると、自動的にリズムをコントロールする必要性を求められる。何が言いたいかというと、守備から攻撃に転じること。反応速度に強弱をつけるべきということ。とくにプロ選手の場合は速く反応しすぎないことが重要だ。トップレベルのゴールキーパーは頭の回転を上げることが重要な要素で、これは精神面と綿密につながっている。

これができるようになればゴールキーパーとしては成長過程の最終段階まで到達したといえるだろう。まず幼少期にはゴールキーパーの基本原則を習得させよう。基礎がしっかりしていれば、選手は自ずと自信をつけ、冷静に対処できるようになる。落ち着いていれば、自らも冷静にコントロールでき、チームを慌てさせることなく、守備のリーダーとして対処できるだろう。

私はすでに完璧なキーパーはいないと述べた。同様に平均的なキーパーというのも定義するのは難しい。１００年後もトップレベルにはさまざまなタイプのゴールキーパーが活躍しているだろう。（ゴールラインを守るのが得意な）ラインキーパー、テクニカルなキーパー、サイドからのクロスに強いキーパー、守備のリーダーとして活躍するキーパー、このようにさまざまなタイプが考えられる。

私自身の好みはすでにわかっていると思う。私はどうしても攻撃重視の考えなので、私が求めるゴールキーパーとは、なるべくチームのラインを下げず、自らも積極的にプレーに関与するキーパーだ。

まわりから見ても落ち着いていて、少ないボールタッチ数でもリズムに乗れる選手だ。なぜなら私のチームでは1試合でゴールキーパーが真剣に対応しなければならないのはわずか2回か3回程度だからだ。

ゴールキーパーの能力に長けているだけでなく、プレーにも多く関与でき、戦術面もしっかりしていて、リーダーとして君臨できる選手でなければならない。

ただし、ゴールキーパーに求める能力をたくさん上げたが、彼らのもっとも大切な役目はたった一つ、ゴールを奪われないことだ。

■5ポイントアドバイス

①まずはゴールを奪われないこと。どのように実現させるかは二の次だ

②ゴールキーパーに必要な技術を習得すること

③守備陣をコーチング（指示）する

④フィールドプレーヤーと同じように考え、対処するようにしよう

新しいルールが導入され、キーパーもプレーに関与することが多くなった。トラップやパスもしっかりとできるようにならなければならない

⑤落ち着きをまわりにもアピールしよう。自分自身をまず冷静にコントロールできていればチームにもいい影響を与えられる

センターバック／サイドバック

ディフェンダーの役割は何よりも相手を止めることだ。これは右サイドバック、ストッパー、スイーパー、そして左サイドバック全員に共通することだ。

とくにこの四つのポジションには、さまざまなタイプのディフェンダーがいる。たとえばベリー・ファン・アーレ（元オランダ代表。右サイドバックもしくは守備的MFとしておもにPSVでプレー。95年に引退）とダニ・アウベス（ブラジル代表。バルセロナ所属の攻撃的な右サイドバック）の二人では、まったく違うタイプの右サイドバックだ。だがどこのポジションでも基本原則がある。ディフェンダーならば、まずは相手を止める、その次がプレーに参加する、ということだ。

前の章で私はゴールキーパーのセレクションに基準は存在しないと定義した。自ずと決まることなので、ゴールキーパーに向いていると思う選手を指名すればいい。

守備陣に関してもとくに大きな違いはない。ディフェンダーもわざわざ探す必要はないだろう。子供たちの試合を見れば、すぐ誰がディフェンダーに向いているかわかる。これは文字に起こして説明するのは難しい。サッカー好きであればこのタイプを簡単に識別できる。

これはあくまでも純粋な守備者としてのディフェンダーのことだ。もっと上の年代になると、ウィンガーとして行きづまった選手がサイドバックになることもある。

最初にあげた二つのタイプ（ファン・アーレとアウベス）のいいところはお互いが持っていない要素を持っていることだ。片方はファイターだ。スピードがあり、強く、ピッチの片側だけでプレーすることが多い。もう一方は技術的に優れていて、自由に動くことを得意とし、戦術面も長けている。

育成とは得意分野を残しつつ、苦手な部分をなるべく減らすことなので、すでに他の人ができることを覚えることでもある。マンツーマンに強いディフェンダーには練習中はポジショニングなどをピッチ上で向上させるようにし、ポジショニングに長けている選手には1対1を繰り返しやらせる。この件に関しては後で話すことにする。

まずは守備者に求める四大原則を定義したい。一つ目は「足が速い」こと、そして二つ目は「いい（スライディング）タックルができる」こと、三つ目は「フィジカルが強く」、四つ目は「組み立てに参加できる」ということだ。

0歳からいいディフェンダーの育成は始められる。他のサッカー選手と同様に、まずはボールコントロールに力を入れるべきだ。とくに機能的な技術を学ばなければならない。できるだけシンプルにボールを止め、パスを出すことだ。

ディフェンダーが強烈な回転を掛けてゴールキーパーにバックパスを出すと、チームメイトを苦しめることになる。キーパーはボールをコントロールするのに時間がかかり、チャンスを見逃さないフォワードが相手にいると、その分キーパーにプレッシャーをかけられてしまう。この点に関して私はイギリス式のテクニックを推奨する。出し手が強く、きれいなパスを出し、受け手が一発でボールをコントロールする技術だ。

効率的なパスを覚えるための最適な練習方法は〝ロンド〟だ。8名から10名ほどの選手で輪を作り、中央の2名がボールを奪う練習である。このゲームではサッカーで必要な要素の大半を鍛えることができる。できるだけシンプルに始めよう。選手たちの技術が向上してきたら難易度を上げていけばいい。

注目すべきは選手たちがどのような姿勢でこのゲームに取り組むかだ。楽しむ雰囲気でやるのか真剣にやるのか？　別の言い方をすれば、相手をはめようとしているのか、それともチームメイトがはめられないように助けようとするのかだ。たとえば回転を掛けたパスを出すのか、強いパスを出すのか。回転を掛けたほうが自分の自己満足度は高いだろうが、同時にチームメイトとチームを難しい状況に追いやっている。

ロンドは中央の選手がボールを奪えないよう、ワンタッチでパスを出し合う。この練習は輪の大きさを縮めることでミスの確率を高くし難易度を上げることができる。このように練習方法を拡張することで、技術面だけでなく判断速度も上げることができる。

中央の選手を2名でなく3名にすることで判断力を鍛える効果をアップできる。ボールホルダーは2名までであればつねに認識できるが、3人になると全員を把握するのは難しい。

それ以外にもさまざまなバリエーションを導入できる。たとえば最初は必ず横の選手に出す、もしくは3人目の選手は必ず左足でパスを出す、といった具合だ。

もっと難しくするためにはセンターサークル内でやらせてみよう。もし完全に円のイメージから逸脱したければ16メートル四方の四角いエリアでやってみるのもいい。少し想像力を働かせるだけでいくらでもバリエーションを増やせる。私の経験上、ロンドは若手から大人まで楽しむことができる有効な練習方法だ。

ここまでロンドはボール回しの視点で話してきた。だが中央の選手たちは逆に守備の練習を行なっていることは明確だろう。彼らはボールを奪うために動いていて、それを実行するうえでは三つの基本原則がある。

- 対戦相手の動きを追ってはいけない。必ずボールだけを追う。
- 攻撃側をこちらがより有利な局面に追い込むようにしよう。たとえば自分の利き足のほうや、コーナーなどにだ。
- （スライディング）タックルを使おう。

私がこのような発言をするのを意外に思う人がいるかもしれない。一般的にスポーツマンシップの観点から（スライディング）タックルを廃止しようという議論がサッカー界では繰り返されてきた。私は廃止には反対だ。タックルは正確に実行するのであれば、サッカーに不可欠な技術の一つだと思う。

タックルの練習をするには、すでに習得している子に実演させるのが一番いい。ポイントは可能性を見極めること。タックルはいわゆる最終手段で、必ずボールを奪える自信がある場合だけ行なっていい。もしその自信がなければやるべきではない。なぜならいったん地面に転がってしまったら、すぐに起き上がることはできないからだ。

タックルはキック技術と同じように、うまくできればできるほど気持ちいいものだ。いいタックルをできたときは、体と地面の接地面が最小に抑えられている。滑るときは腰と尻に半分ずつ重心を載せる感じで、片方の足は体の斜め下で延ばし、もう一方の足で支えるようにする。このような体勢でスライディングすると、すぐに立ち上がることができる。良いタックルは反復練習で身につく。私は野球に熱中した時期があり、そのときに何度もスライディングの練習をしていたので得意だった。

守備に必要な最後の要素はポジショニングだ。状況を把握する感覚が必要で、純粋なディフェンダーにはよく欠けている要素だ。どちらかというとサイドバックにポジションチェンジしたウィンガーのほうがこの要素を持ち合わせている。これを効率よく練習するためにはプレッシャーを掛けながらボール回しをすることだ。まずは遅いテンポで始め（たとえば選手たちに必ず2回以上ボールタッチさせる）その後テンポを上げる（たとえば最大2タッチにする）。

対戦相手が2トップだったとしよう。この場合、センターバックのうち片方がゾーンで守る必要があるので、監督はしっかりと選手を導くことが求められる。

ポジショニングで重要なのは、必ず味方をサポートすること。ただ、後ろのスペースを小さくするのではなく、内側のスペースを狭めることが重要だ。そうしないと、ピッチが間延びしてしまい、相手にとって有利になってしまう。

もう少し具体的に言うと、もし対戦相手が2トップだった場合、片方のフォワードは外側の選手（サイドバック）がマークし、もう一方はセンターバックのうち一人がマークすべきだ。こうすることでセンターバックが一人フリーになり中央をカバーできる。ロングボールで抜かれる危険性もほとんどないだろう。全員が最適のポジションを取ってフリーのディフェンダーを作り出すことができれば、その選手がキーパーの一番そばにポジションを取れるのでより安定する。

ポジショニングで守るやり方の最上級は、2名のフォワードをサンドイッチのようにディフェンダーで挟むことだ。パスを受けられないようにうまく壁を作る。トップレベルの選手にだけ与えられた特別な守り方だ。

この章の冒頭で、私は2種類のサイドバックについて触れた。ベリー・ファン・アーレやウィム・スールビール（元オランダ代表。アヤックス時代、FWからサイドバックにコンバートされた。74年W杯と78年W杯の準優勝メンバー）のようなタイプと、フランク・デ・ブール（元オランダ代表）やダニ・アウベスのようなタイプの違いは相手が2トップか3トップかで明確になる。3トップの場合は対人に強いディフェンダーのほうが効力を発揮するが、2トップの場合はデ・ブールやアウベスのようにポジショニングに長けているサイドバックのほうが有効だ。正反対のタイプのサイドバックなので、対戦相手に合わせて最適な組み合わせを採用すればいい。

ベリー・ファン・アーレはスピードがあるので少々の劣勢はもろともしなかった。たとえばフランク・デ・ブールのように特別速くないが、ポジショニングの良さで修正するタイプより、やはり一対一の対人戦で安定感があった。ちなみにデ・ブールの場合は組み立ての際によりその能力を発揮していた。

一方でアウベスにはこの能力はあまり求められていない。彼は組み立てではなく前線への攻撃参加を求められている。これは2トップを採用しているチームが2名のフォワードを両者とも中央に配置するようになっているためだ。サイドバックはマークと攻撃参加の優先順位を考え、どのようなポジションを取るかを判断しなければならない。片方が残り、もう一方が上がって攻撃陣に加わるというように。

相手がプレッシャーをかけてきていてスペースが少ない場合は、マンマークに長けていてボールを奪える選手のほうが有効だろう。逆に相手が引きこもってスペースがある場合は、攻撃をサポートでき、場合によっては攻撃陣としても活躍できるタイプのほうが有効だ。

　どちらも優れた特殊能力を持っており、優劣はつけられない。だからオランダ代表のような選手層が厚いチームの場合、サイドバックにスタメンが保証されることはない。監督は対戦相手によって、どのタイプが一番効率的か見極めなければならない。

　逆の意味で私はバルセロナで監督をしていたころは対戦相手のディフェンダーを見てフォワードの組み合わせを決めていた。フランク・デ・ブールのようなタイプにはゴイコエチェア（バルセロナ五輪の優勝メンバー）のように相手陣地の奥深くでプレーすることを得意としたアウトサイドの選手を配置し、デ・ブールにマンマークを強制させた。

　だが、ベリー・ファン・アーレであれば、私はミカエル・ラウドルップ（元デンマーク代表）のようにピッチ上を徘徊し、前線と中盤で可能性を見つけ出す選手を選ぶだろう。ファン・アーレにゾーンで守ることを強制するタイプの選手だ。

　このようにサイドバックのポジションは一見単純のように見えるが奥深い。チームにもたらす効果は千差万別だ。サッカー全般に言えることだが、サイドバックの価値も正当に評価すべきだ。

■5ポイントアドバイス

①右足と左足で効果的な技術を身につけよう
②ポジショニングを習得しよう
③いい（スライディング）タックルを学ぼう
④スピードは必須だ
⑤ヘディング技術を鍛えよう

フリーディフェンダー（クライフ的リベロ）

ディフェンダーのなかで、自分の判断で自由に動く権利を与えられているディフェンダー（フリーディフェンダー）は、すべての能力を兼ね備えていることが求められる。このタイプの選手はオールラウンダーでなければならない。ポジショニングに長け、ボールを扱う技術があり、中盤にもスライドでき、組織を統率し、対人戦も強く、ヘディング力もあり、さらにはパス能力も高い必要がある。

サッカーができる百足《むかで》のようなもので、必然的にこのタイプはチームにおいてサッカーの能力が高い選手が選ばれる。多くの場合、攻撃的ミッドフィルダーを強制的に一列下げる。

ここで語るのは、あくまでも私好みのプレースタイルのフリーディフェンダーのことだ。リベロやラストマン（スイーパー）のような単語は、このポジションがチームに付加する価値を正確にあらわさないので好まない。

ラストマンには、２種類のタイプがいる。一つ目はイタリアンスタイルの純粋なディフエンダー。私のなかではほとんど組み立てに参加しないことからフリーディフェンダーの命名はふさわしくないと思っている。二つ目のタイプはチームの中心的な役割を担い、マルチファンクションなフリーディフェンダーだ。

最終ラインでプレーするためマンマークも役割の一つだが、フリーディフェンダーは何よりもチームをまとめることが求められる。彼は守備陣が後ろに残らないようにディフェンスラインを統率してラインを高く保つことで、チームが前後に分断することなく一体感を維持できるようにする。とくにチームが攻撃的な場合、守備陣が後ろに残ってしまうと、相手にラインの間でプレーする空間を与えてしまうので要注意だ。

フリーディフェンダーはつねにディフェンダーと中盤・フォワードの意思疎通を模索しているので、必然的に中盤出身の選手が多い。フランツ・ベッケンバウアー（元ドイツ代表）、フランコ・バレージ（元イタリア代表）、ロナルド・クーマン（元オランダ代表）などを見ればわかるだろう、ルート・クロル（元オランダ代表。74年W杯および78年W杯の優勝メンバー）に至っては本来ウィンガーとしてキャリアをスタートさせた。

若い時期から、このタイプの選手の育成は始められる。ユース選手をフリーディフェンダーとして成長させるためには二つの方法がある。もし対戦相手が3トップだった場合は単純に守備側もマンツーマンで守ればいい。ディフェンダー（ストッパー）２名とフリーディフェンダー１名の計３名だ。もちろん中央にいるフリーディフェンダー見習い中の選手の甘さで試合を落とすことがあるかもしれないが、これは運が悪かったと思えばいい。

育成期間中はこのようなことも計算に含まれなければならない。もう一つのバリエーションはフリーディフェンダーを一定の期間、中盤の中央でプレーさせることだ。まわりを大勢の選手に囲まれているため、必然的に対応速度を上げる必要に迫られる。

この方法は自然に守備能力と対応速度を育成できる。才能ある選手をセンターバックとして純粋培養した場合には教えられないことだ。

わかってもらえているとは思うが、10歳から12歳のような育成期間中に、ロナルド・クーマンの全盛期のようなプレーを求めてはいけない。ただ、子供にウィンガーへのロングボールを望むことは現実的ではないが、どのようなシチュエーションで出せばいいか教えることはできる。フィジカル的に実践することは無理だったとしても、そのタイミングを認識することができれば、いい方向に導いていける。

状況を的確に判断することが、フリーディフェンダーには求められる。つまり視野を広げて、守備に追われる時間を減らすのだ。そのうちフリーディフェンダーとストッパーのコンビに固執する必要がなくなる時期が訪れ、中央の守備に一人もマンマークをする選手がいないようになる。たとえばダニー・ブリント（元オランダ代表）とウィム・ヨンク（元オランダ代表）のようなコンビだ。ポジショニングが非常にいい2名で守ることで、センターフォワードの後ろで守るのではなく、その前で守れるようになる。対戦相手のフォワードはセンターバックのダニー・ブリントとセンターハーフのウィム・ヨンクに挟まれるような形だ。つねにマークしているわけではないが、2名の絶妙なポジショニングでパスコースを消し、無効化できる。

私がアヤックスのブリント－ヨンクのコンビ、バルセロナのクーマン－グアルディオラのバリエーションやオランダ代表のクーマン－ヨンクのコンビを好んでいたことは言うまでもないだろう。とくにこの方法では〝守備陣〟を一人減らして〝攻撃陣〟に置き換えることができ、組み立てにも役立つ。

チームのサッカークオリティーが上がるためボールを失う回数が減る。そのため相手からボールを奪う回数もたとえば50回から20回に減らすことができ、自然と守備に追われる時間も少なくなる。

これがトップクラブとその他との違いでもある。たとえばACミランとインテルの場合、両者の違いは攻撃陣ではなく守備陣にある。インテルのディフェンダーは攻撃に絡むことはなかったが、ACミランではマルディーニ（元イタリア代表）、タソッティ（イタリア代表）、バレージのようなタイプは定期的に重要なゴールを決めていた。

この差は77〜84年の期間、リバプールがイングランドで常勝を誇り、国内王者が集まるチャンピオンズカップを4度も制覇したことでもわかる。イングランドのチームのほとんどが技術的に乏しいセンターバックばかりだったが、唯一リバプールはサッカー能力に長けているセンターバック2名で守っていた。

このタイプの選手が試合のシナリオを決めるのだ。たとえばロナルド・クーマンは一度のパスで4〜5名の対戦相手を無効化でき、同時にゴールに向いている選手にボールを供給できた。このような効率的なパスのメリットは（出すタイミングが早ければ早いほどいい）一発で複数の効果をもたらせることだ。まずこのパスで自軍の選手は十分ボールの後ろに残ることができ（カウンターに備えることができる）、攻撃的には前を向いた選手がボールを持つので相手に脅威を与えることができる。

ただまわりが同じように考えてくれなければ、どれだけいい選手でも能力を発揮できない。どれだけフランツ・ベッケンバウアー、ロナルド・クーマンやフランコ・バレージが

名監督としてゆるぎない評価を受けるグアルディオラの現役時代。
クーマンとのコンビは、クライフにとって理想的だった

うまかったとしてもチームメイトの協力がなければとくに目立つことはなかっただろう。

チームがフリーディフェンダーのアクションに対応できなければ、決定的なチャンスを与えていたはずのプレーも日の目を見ることがない。クーマンがオランダ代表で何度も批判を浴びた原因の多くがここにある。ほとんどの人たちは問題の原因はクーマンではなく、その他のチームメイトだったことに気づけなかった。どのようにすれば彼の能力を最大限に生かすことができるか理解できなかった。

クーマンのようなタイプの選手がボールを持った場合、チームはすぐさま三つのパスコースを作るように動かなければならない。一番近くの選手、次のラインの選手、そしてウインガーだ。このうち一つでも欠けていたら窮地に立たされることになるだろう。

どれだけ才能を持っていようが、フリーディフェンダーの成績はチームワークに左右されることがわかってもらえただろうか。

■5ポイントアドバイス

① パスセンスは必須条件だ
② 両足利きになれるようにしよう

③空中戦に強い必要がある

④チームをまとめよう

⑤オールラウンダーになろう。ポジショニングでも1対1でも守れるようになるべき

De voorstopper

19

フォアストッパー（守備的ミッドフィルダー）

フォアストッパー（ストッパーの前に位置する選手）という単語を私はもう長いこと使っていない。私のなかでこのポジションの選手は守備的ミッドフィルダーで、センターフォワードを止めるだけではなく、それ以外の役割も多く担っている選手だ。実戦によって促された進化だ。対戦相手が2トップだった場合、守備は3人で十分だ。中盤の人数が足りなくならないように、4人のバックラインのなかの一人が中盤にスライドしなければならない。これが昔のフォアストッパーだ。

中央の選手で、対戦相手をマークするだけでなく、さまざまな能力を求められる。次の四つの特徴が必要だ。まずそれなりにヘディングが強いこと。守備力もある程度あり、ポジショニングにも長けている。キープ力もなければならない。ボールを失うことが少なければ、実際に守備をする機会は減る。最後に視野が広い選手であるべきだ。

このポジションの選手は組み立てのとき、中継ぎの役割を求められるので、とくに最後の要素は重要だ。ピッチの幅を考えると（約60メートル）、ほとんどの選手にとって一発でサイドチェンジすることは不可能に近い。守備的ミッドフィルダーは歯車的役割で右にでも左にでも展開できる選手だ。重要なのは効率よくプレーするための技術をマスターすること。どれだけ早くボールを中継できるかで効率のよさが変わる。ここでもたつくとゲーム速度も遅くなり、相手が予測しやすくなってしまう。

具体的な例をあげると、守備的ミッドフィルダーがもたもた仕事をしていると、大概の場合は相手にカウンターのきっかけを与えてしまう。彼が仕事をしっかりとしていれば、必ず攻撃面で優位に立てるはずだ。簡単に言うとチームの要だ。

センターバックと同様に、ユース時代からこのポジションに選手を固定することに意味はない。守備的ミッドフィルダーとして活躍するためには、まず技術の基礎を習得している必要がある。フリーディフェンダーのように守備的ミッドフィルダーを育成するには、中盤の中央でプレーさせるのが近道だ。やはりまわりに人が大勢いることで強制的に対応速度を上げられる。

この過程が終わってから、やっとこのポジションにスカウトできる。向いているのは、技術力が高く、まわりの視野も広いが、そこまでフィジカル的なスピードにはあまり恵まれていない選手だ。キープ力はあっても、相手を抜くことには長けていない選手。どちらかというとトラップの仕方やパスの出し方を効率的にすることで問題を解決する選手だ。身体的には速くなくても、対応速度は高くなければならない。ゲリー・ミューレン（元オランダ代表）やアーロン・ウィンター（元オランダ代表。88年欧州選手権の優勝メンバー）などをこのポジションに置くことはあまり意味がない。彼らの能力はこのポジションではほとんど発揮できないのでもったいないからだ。

だからどちらかというとジョン・ファン・デン・ブロム（元オランダ代表。フィテッセやアヤックスでプレー）やウィム・ヨンク、現代ではブスケツ（スペイン代表。バルセロナに所属）のようなタイプが適任だ。彼らは俊敏ではないが技術と視野の広さを武器に効率的に対応することで多くを埋め合わせることができる。

このポジションに関してもさまざまなバリエーションがある。アヤックスやバルセロナは３バックを採用していて、フォアストッパーは守備的ミッドフィルダーの役割を任されている。ＡＣミランの場合はどちらかのサイドバックが４人目の中盤の選手になり、ボールキープ時にはコスタクルタ（元イタリア代表）のようなタイプのセンターバックにフォワードのマークを任せることになる。もしＡＣミランで攻撃的刺激がマルディーニやタソッティのようなサイドバックから生まれないのであれば、チームにはペップ・グアルディオラ（元スペイン代表。現バイエルン監督）やフランク・ライカールト（元オランダ代表）のようなタイプが必要だろう。

この他にはドイツシステムがある。ボールを失った場合は最終ラインを5名で守り、ボールを奪ったら両サイドバックはサイドハーフになる。

まあいい、私の守備的ミッドフィルダーの使い方では、技術と視野以外にも攻撃的ミッドフィルダーとセンターバックとの連携が非常に重要だ。彼らはつねにコンタクトを取り合い、全体で上がるべきか下がるべきかを決めなければならない。

守備的ミッドフィルダーの役割のフォアストッパーは、センターバックと一緒に相手のセンターフォワードを前と後ろから中央2名でサンドイッチのようにはさんで守るべきだ。コミュニケーションだけでなく、鋼鉄のような規律を必要とする守り方だ。これを習得するには才能だけでなく、膨大な練習が必要だ。

初めてこの練習を行なった場合、察しのいい選手は多くの疑問点を浮かべるだろう。コーチの役割は即座にこのような状況に対応することだ。とくにフォワードをフリーにすることに慣れるまで少し時間がかかるかもしれない。ただ私の回答はつねに一つだ。ほとんどのフォワードは逆にフリーになった場合、何をしていいかわからなくなる。このことを前提に始めるべきだ。

良いポゼッションプレーの場合、守備的ミッドフィルダーとセンターバックの距離は10

メートル～15メートル以上になってはいけない。その間をセンターフォワードは動くことになる。このわずか10メートルの間に、さらに180センチメートルの選手を越してロングボールを通すことはほとんど不可能に近い。

この2名がしっかりお互い直角になるように守っていれば、グラウンダー（ゴロで転がすこと）で長いパスを通すこともほとんど不可能になる。センターフォワードがどのように動いたとしても、どちらかが必ず4～5メートルの距離に守っているからだ。

もし後ろのラインだけで守っていたら、パスを通すことは容易で、それはもっとも阻止しなければならないことだ。バルセロナの試合を注意深く見てほしい、相手のフォワードはほとんどポストプレーをさせてもらえないだろう。

攻撃の選手を本来ありえないシチュエーションにはめることは、いつしか私の趣味になった。たとえばイングランドのセンターフォワードはディフェンダーとのコンタクトを必ず探そうとする。では、相手のまわりに誰もいないシチュエーションを作り出したらどうなるか？　急に方向感覚を失ったようになるさまを見るのは面白い。ディフェンダーを感じることができないと、オリエンテーションを失い無害となる。

同じことはウェイン・ルーニー（イングランド代表。マンチェスター・ユナイテッド所属）のような俊敏で巧みなフォワード

フランク・ライカールトは、おもに守備的ミッドフィルダーとして
1988年のオランダのUEFA欧州選手権優勝に貢献した

と対峙するときも同じだ。彼にマンマークを付けても試合中最低でも一度や二度はマークをはずされてしまうだろう。よってチームに与える指示は3名のディフェンダーにつねに一番近い選手がルーニーをマークすることだ。このようなシチュエーションで大切なのは相手に注意を払うのではなく、味方同士とその距離感だ。

守備で鍵になるのは距離だ。距離感を支配することで、ポジショニングで戦うディフェンダーだけでも堅い守りを組織することができる。わずか5メートル四方のなか、マンツーマンで守れば攻撃側も実力を発揮することは難しい。自分とチームメイトの距離を小さく保てばつねに安全だ。

守備的ミッドフィルダーがセンターバックの能力を持っていなかったとしても問題ない。逆にピッチ中央にはさまざまなタイプの選手がいることになる。とにかく役割はチームをまとめて、ポゼッションプレーを的確に行なうことだ。

すべての守備陣に共通することだが、両サイドバックもフリーディフェンダーも、そして守備的ミッドフィルダーも自分の後ろのスペースを守れなければならない。残念なことにこの能力を兼ね備えていない選手が多いため、40年前の守備のスタンダードモデルから脱しきれずにいる。ディフェンダーは最初から多角的に指導する必要がある。

■5ポイントアドバイス

①攻撃的才能は必須だ
②技術がなければならない
③ヘディングに強くなければならない
④ポゼッションプレーを習得している必要がある
⑤前線へのパスセンスが必要だ

左ハーフ

どのポジションにもそれぞれ魅力はあるが、そのなかでも私が特別視するポジションが一つだけある。私は昔から生粋の左ハーフ（4－3－3における中盤の3人の左に位置する選手）に心を奪われていた。私のチームでは背番号10番を、才能豊かな左利きの選手に与えていた。

歴史的に見ても、10番はこのタイプの選手たちが背負ってきた。特別な才能を持つチームのキープレーヤーだ。とくにブラジルはこのポジションにジェルソン（元ブラジル代表。70年W杯の優勝メンバー。左利き）やロベルト・リベリーノ（元ブラジル代表。同じく70年W杯の優勝メンバー。左利き。94年に清水エスパルスの監督を務めた）などのスーパースターを多く輩出してきた。オランダもウィム・ファン・ハーネヘム（元オランダ代表。おもにフェイエノールトでプレー。クライフとともに74年W杯に出場。左利き）、ゲリー・ミューレン（元オランダ代表。70年代にアヤックスやベティスに活躍）やアーノルド・ミューレン（元オランダ代表。ゲリーの弟）などがいたので十分誇っていいと思う。

このようなタイプに注目すると、ブラジルとオランダがとくに多く輩出していることに気づく。特殊なサッカー文化が関係しているのかもしれない。両国とも高い芸術性を求めており、黄金の左足を持っている選手が必要とされるのだろう。私はつねにこのタイプを求めていたし、その姿勢は長年変わらなかった。そのためアヤックスやバルセロナの監督時代には必ず3トップを採用し、左ハーフにはボールを供給する役割を与え、他のポジションに比べて守備の負担も減らした。

だが現在、典型的なオランダ的サッカー観が失われつつあり、そのために昔ながらの左ハーフが絶滅しようとしている。それが非常に残念だ。トップチームでも左ハーフに守備の負担を他の選手より減らすのではなく、逆にハードワークを求めるようになっている。おもな役割も、クリエイティブな仕事から、長距離を走りクロスを上げる仕事に変えられた。

これはすごく残念なことで、私の監督時代にはこのようなことは絶対認めなかった。私のチームでは必ず左ハーフの前にセンターフォワードがいて、昔ながらの役割を続けさせていた。

私のサッカー論における左ハーフは、ある程度動けて、それなりに守備ができればよく、何よりもサッカーがうまいことが求められる。スルーパスや相手の守備を切り裂くようなキラーパスが出せる選手だ。左ウィンガーの真後ろでプレーするのではなく、ウィンガーの内側でプレーしなければならない。中央に寄ることで、左サイドバックと左ウィンガーとのトライアングルを作り出せるだけでなく、左ウィンガーとセンターフォワードとの三角形も生み出せる。ポゼッションプレーのキープレーヤーなので技術力だけでなく、ボールが動くたびに、状況を把握できる視野の広さと洞察力を兼ね備えていなければならない。

試合では左ハーフのマークに着くのは、正反対のタイプの選手であることが多い。なぜなら多くのクラブは裏を勤勉に狙い、機動性がある速い選手を右ハーフに起用しているからだ。これに対抗するには、注意深く、クレバーでなければならない。左ハーフは多様な能力を持っている必要があり、見る側としては一番魅力的な選手だ。

では、どのように左ハーフに適している選手を見つけるのか？　これはとてもシンプルで簡単だ。試合になれば、自然にそのタイプの選手のプレーは目に飛び込んで来る。ボールに多く絡み、チームのために働き、視野が広い選手だ。左ウィンガーのように自分から仕掛けることを好み、関係のないところでは一旦休憩するような選手とは大違いだ。

興味深いことに、左ウィンガーで大成できなかった選手が左サイドバックになることはあっても、左ハーフになることはほとんどない。左ウィンガーとしてすら技術が足りない選手は、左ハーフではほぼノーチャンスだ。だが左サイドバックなら何とかなる場合はある。テオ・ファン・ダウフェンボーデ（アヤックスやフェイエノールトでプレー）やフホー・ホーフェンカンプ

（フローニンゲンやAZでプレー）は、過去にこのようなポジションチェンジをすることで大成した選手だ。

前の章で、育成の期間は他のポジションで学ばせることも価値がある、と説明してきた。この方法で不足している能力の底上げができる。ただ唯一の例外が左ハーフだ。なぜなら私はファン・ハーネヘム、ミューレン、リベリーノなどが、他のポジションでプレーするなんて想像できない。このような選手は、最初から本人が好むポジションで経験を積ませるべきだ。

育成によって、左ハーフの能力、とくにボールさばきのうまさとプレー速度を上げることができる。さらにユースの監督は、彼らを無理やり両利きにしようなんて絶対に思ってはいけない。私も彼らを両利きにすれば……と幻想を抱いたことがあるが、時間の無駄だった。彼らはどんどん左足をうまく、さらに効率的に使うようになる。そして最終的には、いわゆる黄金の左足と呼ばれるようにまでになり、足を手と同じレベルにまで進化させる。インサイドもアウトサイドも、同じように扱える道具にしてしまう。実質、彼らは片方の足で歩いているようなものだが、それでも両足で歩いているその他大勢の選手よりうまい。

私がこのタイプの選手を好んでいるのは、ここまで語ってきたとおりだ。彼らはいろんな意味で特殊だ。走り方さえも、独特なことが多い。注意して見てほしい。非常に不恰好にもかかわらず、試合中にそれが問題になることはない。何よりもいいのは、彼らのプレーはサッカーへの愛情に溢《あふ》れていることだ。そのため彼らの多くは、長い間トッププレベルでプレーを続けることができる。ファン・ハーネヘム、リベリーノ、ジェルソン、ミューレンやチャールトン（元イングランド代表。マンチェスター・ユナイテッドの最多得点記録を持つ。左利き）などは30歳を超えても代表でプレーを続けていた。彼らは本当にサッカーがうまく、洞察力に長け、効率よくプレーしていたため、長く現役を続けることができたのだ。

残念なことにウィンガーと同様に、彼らも絶滅危惧種に属する。この流れに私は全力で抵抗していて、絶滅してしまう前に、クラシカルな左ハーフも現代のモダンサッカーで十分通用することが証明されることを望んでいる。背番号10番はチーム内を転々とするのではなく、やはりこの特別な背番号にもっともふさわしい選手が背負うべきだ。

■ 5ポイントアドバイス

① 良い技術がベースとして必要
② 左足のインサイドとアウトサイドでうまく蹴れなければならない
③ 良いシュートを持っていなければならない

④ それなりの機動力が求められる

⑤ 視野の広さは必須条件だ

21 右ハーフ

右ハーフは他の選手の陰に隠れていることが多いが、チーム内では一番評価され、重宝されているケースが多い。なぜならチームメイトが一番、彼の能力を理解しているからだ。ただし、チームの外にはこれが伝わらないことがほとんどだ。右ハーフの貢献度を説明するのは難しい。これはピッチ上で実際体験してみないと、わからないことだ。

左ハーフと比べた場合、右ハーフは決定的なプレーは少ないかもしれないが、彼らよりオールラウンダーである。左が特殊な個人主義者であるとすると、右はどちらかというと落ち着いた性格だろう。真のチームプレーヤーで、左ハーフに不足している要素をチームにもたらしてくれる。

ヘンク・フロート（元オランダ代表。アヤックスとフェイエノールトでプレー）のヘディング能力は特異だったし、ウィム・ヤンセン（元オランダ代表。おもにフェイエノールトでプレー。95年から2年間、サンフレッチェ広島の監督を務めた）は、その修正力と技術力の高さを称賛されていた。この2名の場合も、彼らの才能はチームに貢献することを最優先にしていた。試合に出なかったときに、彼らがどれだけ重要だったかを気がつかされるタイプの選手たちだ。

さらに彼らは、戦術面でさまざまな使い方をできる。私がストライカーとしてピッチに立ったときは、どうしても左に流れる癖があった。この動きによって私はディフェンダー数名を引きつけ、それによって右に穴ができ、ヨハン・ネースケンス（元オランダ代表）のような右ハーフがそのスペースに飛び込めた。同じことは現在バルセロナでも見られる。メッシも左に流れる傾向があるため、シャビの前にスペースができる。ネースケンスやシャビは、このスペースをうまく使うことでゴールを量産できた。

右ハーフを探し出すときに鍵になるのは、マルチな能力だ。中央と右サイドもこなせる選手で、とくにポゼッションプレーに長けていて、高い技術力があり、両足利きで、視野も広く、洞察力のある選手がふさわしい。

左ハーフに比べて唯一持ち合わせていない才能は個人技だ。右ハーフの選手は1対1のシチュエーションで相手を抜き去ることは少ないだろう。

簡単に言えば、すべての能力が高いが、飛び抜けてすごいという要素はない選手。各能力は平均以上でバランスよく技術を習得しているが、10点満点を取れる分野はない。10点を取るとすればポゼッションプレーかもしれないが、この要素は定義が難しいため、まわりに気づかれることが少ない。

注意深く見てほしいのは、優れた右ハーフはつねに最適のポジションにいて、必ずパスを受けられる状態にいることだ。私がバルセロナの監督をやっていたころは、エウセビオ（元スペイン代表。88年から95年までバルセロナでプレー）がこのようなタイプだった。必要なときに最適な場所にいて、ボールに愛されているが俊敏さはあまりなく、それでもつねにチームのために働いてくれる選手だ。

ユース時代に、このタイプの選手は複数のポジションでプレーしている。だが上のレベルに上がると、スペシャリストになることを求められるので、しだいに固定されたポジションを勝ち取っていく。ウィンガーとしてトップに上がれなかった選手が、サイドバックとしてある程度のレベルをキープして生き残っていくのと同じように。

右ハーフになるような選手は、育成の過程で自ずと振り分けられる。彼らは守備能力は高いが、飛び抜けて高いわけではないし、攻撃力もあるが、目を見張るほどすごいわけでもない。彼らは精神的にも安定しているため、気紛れな右ウィンガーと爆発的な右サイドバックの間でいいバランスを取れる。

さらに右ハーフの選手は、その類まれな戦術力の高さで複数のポジションをこなせるため、他のポジションの第二選択肢にもなっていることが多い。

監督はこのタイプの選手であれば、どのような戦術でも起用できるだろう。それはヤン・ボウタース（ユトレヒトやバイエルンでプレー。現ユトレヒト監督）やウィム・ヤンセンなど現役時代に複数のポジションでプレーしていた選手たちが実証している。彼らは右サイドのスペシャリストでもあったが、非常時には中盤やディフェンスラインのどのポジションでもプレーできた。

左ハーフは黄金の左足を持つ特殊プレーヤーだが、右ハーフはオールラウンダーな選手だ。両足利きということだけでなく、多様な能力を持っていることからも、それがわかるだろう。左ハーフがその特殊能力でチームにプラスアルファをもたらすのに対して、右ハーフは安定とバランスを与える。問題が起こったときに残りの10人が「彼なら修正してくれる」と期待できる選手で、チームには不可欠な駒だ。

■5ポイントアドバイス

①試合展開を読む能力が必要。これがポゼッションプレーに適応するうえで土台になる
②高い技術力が必要だ
③パスセンスを持っていなければならず、とくに正確なクロス
④状況をつねに把握するためにも、落ち着きを醸し出さなければならない
⑤両足利きであるべきだ

攻撃的ミッドフィルダー（トップ下）

攻撃的ミッドフィルダーはずっと消極的な役割を与えられていたが、ここにきてその流れに変化が訪れてきている。最近はストライカーの相棒とまで言われ始めているが、それは間違いだと思う。私は「セカンドストライカー」、「シャドーストライカー」、「トップにぶらさがったストライカー」といった単語は使わない。なぜならこの表現は、本来このポジションが行なうべき役割とは異なる印象を与えるからだ。あえて攻撃的ミッドフィルダーという表現を使うことで、ストライカーの後ろでプレーはするが、中盤の選手であることを強調したい。

彼がセンターフォワードと並んでプレーすると、チーム内のバランスが崩れてしまう。最終ラインが4名の場合、とくにこの問題が顕著になる。それゆえに4バックの場合、攻撃的ミッドフィルダーは置かないほうがいい。3バックの戦術を採用した場合に、このポジションは本来の役割を発揮できる。このシステム（3－4－3）ではチームの軸に、「リベロ」、「フォアストッパーもしくは守備的ミッドフィルダー」、「攻撃的ミッドフィルダー」、「センターフォワード」が縦に並ぶことになる。

このシステムだと、攻撃的ミッドフィルダーの重要な役割が明確になる。リベロと同様にバランスをもたらし、チームをまとめる役だ。さらに攻撃的ミッドフィルダーは実質一人で1・5列目を担うため、役割はもう少し複雑だ。

このことからも攻撃的ミッドフィルダーも、オールラウンダーな選手でなければならない。判断が間違っていれば、他の3ラインが問題にさらされるため、ライン間のバランス感覚も持っている必要がある。彼の一挙手一投足が、チームに与える影響は大きい。

攻撃面だけでなく、守備面も含めて高い洞察力が必要だ。もし前でプレーしすぎてしまうと、左ハーフ、右ハーフそして守備的ミッドフィルダーに負担がかかってしまう。そのため攻撃的ミッドフィルダーは冷静さを保ち、チームの利益を優先してゴールに向かいたい気持ちを抑えなければならない。

具体的な例をあげよう。攻撃的ミッドフィルダーが後方の守備的ミッドフィルダーからパスを受けて、目の前に7メートルほどのスペースがあったとする。この場合、振り向いてゴールに向かうのが自然なリアクションだ。問題はここで彼がボールを失ったときだ。この場合、一気に6名（フォワード3名と残りの中盤3名）が置き去りにされ、相手がカウンターを仕掛ける絶好のチャンスとなってしまう。

チャンスと見ればゴールに向かうのは自然の動作とはいえ、攻撃的ミッドフィルダーは感情を抑え、このようなロングパスはポストプレーで後ろに戻し、チームをコンパクトにまとめることもときには必要だ。とくに私が求めているプレースタイルにおいては、絶対にボールを失ってはいけないので、我慢をすることも覚える必要がある。

攻撃的ミッドフィルダーはセンターフォワードと守備的ミッドフィルダーの間のスペースを守るため、彼らの近くにいる義務があるだけでなく、最適なポジショニングが求められる。そこで求められるのは1メートル前後の立ち位置の差だが、それを的確にこなすためにはポゼッションプレーを熟知していなければならない。

攻撃的ミッドフィルダーは、二つのタイプに分類することができる。

■攻撃的タイプ

ジョン・ボスマン（元オランダ代表。アヤックスやトリノでプレー）やデニス・ベルフカンプ（元オランダ代表。アヤックスやアーセナルで活躍）など。このタイプはゴールに直結する能力が武器だ。基本的に攻撃面ではストライカーと遜色《そんしょく》のない能力を持っているが、異なるのはマッチアップする相手の守備能力だ。攻撃的ミッドフィルダーが対峙する相手（守備的ミッドフィルダー）は、センターバックと比べるとマンマークの守備能力が劣るため、得点能力を発揮しやすい。システムがうまく機能している場合には、攻撃的ミッドフィルダーがチームの得点王になることがある。ただし、これが機能するには、センターフォワードが自らの仕事を全うすることが不可欠だ。もしセンターフォワードが自ら下がってきてボールを受けたがると、攻撃的ミッドフィルダーと同じ列に並ぶことになってしまうので問題となる。チーム内のバランスが崩れてしまう。

■守備的タイプ

ヨハン・ネースケンス（元オランダ代表。74年W杯と78年W杯の準優勝メンバー）やアーロン・ヴィンター（元オランダ代表。アヤックス出身でラツィオやインテルでプレー）など。彼らはセンターフォワードのすぐ後ろのバッファー（衝撃を和らげる緩衝的な役割）であり、守備的なポジショニングに長けている。シンプルに言えば、スペースに飛び込んでシュートを放ち、すぐさま守備に回れる選手だ。といっても、当然ながら攻撃的ミッドフィルダーとしての技術が求められる。イギリスタイプのストライカーと同様にゴールに背を向けてボールを受けることが多く、10回中9回はポストプレーを求められる。ボールをキープして即座に反転し、ゴールを狙えるポジションを取らなければならない。洞察力だけでなく、効率的な技術が必要だ。

攻撃的タイプと守備的タイプのどちらがプレーするかによって、チームの軸に位置する選手に求められる動きが変わってくる。攻撃的タイプの場合、守備的ミッドフィルダーがライン間のスペースを狭めるために前に詰めなければならない。守備的なタイプの場合、その堅実なプレーに合わせて、守備的ミッドフィルダーは低めのポジションを取ることになる。ただ、どちらの場合も与えられている基本の役割は同じだ。攻撃時には得点が奪えるポジションを取り、チームがボールを失った場合は最前線の守備者として相手の攻撃を遅らせることが求められる。

この場合も、特例は存在する、その最たる例がマラドーナだ。紙の上では攻撃的ミッドフィルダーに分類されるが、私が定義するこのタイプの基準をマラドーナは満たしていない。一応システムは2トップなのだが、マラドーナはセンターフォワードの後ろでプレーするため、実質1トップである。攻撃面でチームに特別な刺激を与えるのは、攻撃的ミッドフィルダーのマラドーナだ。彼がもっとも輝けるのはストライカーの後ろである。その

マラドーナがもっとも輝いたのは攻撃的ミッドフィルダーのときだった

場所でプレーできる反面、守備では他の選手のサポートが必要とされた。

結論を言うと、攻撃的ミッドフィルダーは本当に難しいポジションだが、とてもやりがいのある役割でもある。このタイプの選手を発掘するには、まず攻撃の才能がある中盤の選手を見つけ出さなければならない。さまざまな能力を持ち合わせ、試合でもそれを発揮でき、何よりも自由に動ける能力が必要だ。

もしそれができないと、ゲームプランに必要なピースが欠けてしまう。

■5ポイントアドバイス

① 一定のシュート技術があり、ヘディング能力も高くなければならない
② ボール扱いに長けているだけでなく、効率的な技術が求められる
③ ポゼッションプレーを的確に遂行するための洞察力は必須だ
④ チームを落ち着かせられる要《かなめ》でなければならない
⑤ 攻撃陣の後ろからプレッシャーをかけよう。味方がボールを持っているときは得点が決められるポジションを取り、ボールを失ったときは相手が簡単に組み立てられないように前線から守備をしよう

ウィンガー

私が他の多くの指導者をあまり評価していないことは、周知の事実だろう。とくに長年、サッカーが持っていた魅力を失わせようとしているグループを快く思っていない。サッカーがここまでポピュラーなスポーツになったのは、無限大の可能性を秘めているからだ。私にとって旅先で若い才能を発見すること以上の喜びはない。フェイントを学び、回転を掛けてシュートを放てるようになり、そして急遽《きゅうきょ》試合に出ることになったときのリアクション。サッカーは突然の出来事が楽しいのであって、観客もそれを認識し、評価する。

だが残念なことに、この可能性が現代のサッカー界では失われつつある。結果を重視し、それを追求するための哲学でガチガチに武装してしまっている。それに私は嫌気すら抱いている。サッカーの根底を崩してしまっているからだ。下から徐々に腐敗が進んでおり、このままでは気づいたときには手遅れになっているだろう。

私がまだ駆け出しの監督だったころは、さまざまな方面から非難されたが、私はこの変化に対して「プレースタイルの選択」で抵抗してきたつもりだ。私は4－4－2のシステムを採用することを拒み、4－3－3もしくは3－4－3からブレることはなかった。

3トップを選択すると、必然的にウィンガーを2名置くことになる。ウィンガーというポジションにはサッカー選手のすべての要素が詰まっており、私が求めるプレースタイルの核となる部分だ。ウィンガーとは「相手を華麗に抜き去るフェイント」と「正確なキック技術」を持ち合わせている選手である。観客も魅了される。また一方では、少し独特な性格のタイプが多く、何ができて何ができないのか、ちゃんと把握してあげなければいけない選手でもある。

唯一確実に彼らが持ち合わせている能力は、とにかくサッカーがうまいということ。とくに彼らの能力のベースとなっているのは、次の四つの要素だ。

まずウィンガーは「相手を抜き去るトリック」に長けている必要がある。ドリブルをしながらフェイントを織り交ぜられるかということだ。そして「クロスの精度」も必須条件だ。それ以外には十分な「基礎技術」と「洞察力」を求められる。

突破力はディフェンダーを抜き去るために必要で、せっかく抜いてもクロスが悪ければそれまでの労力も無駄になる。クロスの精度が大切だ。さらにライン際では動けるエリアが限定されているため、ポジショニングの良さも必要となる。わずかなスペースを有効に使うことが求められる。もし逆サイドで攻撃が行なわれていた場合、状況を的確に判断する能力も不可欠だ。どのタイミングでファーサイドに走りこめばいいのか、もしくはエリア外に留まるべきなのか。中に早く入りすぎると無駄だし、同様に遅すぎても意味がない。この能力をマスターしている選手はごくわずかだ。

ウィンガーはボールさばきのうまさを、効果的なプレーで証明することが求められる。ボールをトラップしたと同時に、次の動作に移っている、といった技術だ。中盤の選手やセンターフォワードと違って、すべての方向に行けるわけではないからである。サイドラインが行く手をふさいでいるため、攻撃できる方向に集中しなければならない。一見、可能性は限定されているように見えるかもしれないが、実際はそうでもない。ウィンガーがしっかり状況を把握し、突破するためには効果的なアクションが必要であると認識していれば局面を打開できる。

ウィンガーは2種類の突破方法を選択できる。一つ目はオーソドックスに相手を抜き去り、エンドラインからクロスを上げる方法。二つ目はウィンガーが相手を抜くのではなく、ボールだけ抜く方法だ。この場合はボールを前の空いているスペースに出し、ディフェンダーが届かない位置で追いつく。クロスはディフェンダーの裏側から上げるので、相手に当てないためにも回転を掛けて蹴る。ストライカーにとって処理が難しい山なりのクロスになるのを防ぐために、強く蹴るのがポイントだ。

残念ながら、このような強く曲がるクロスは、サイドでプレーする選手たちの八割にとって困難な課題になっている。このようなプレーは、サイドバックか右ハーフが行なうことが多いからだ。彼らをジョン・レップ（元オランダ代表。フランスのバスティアやサンテティエンヌでプレー）、シャーク・スワルト（元オランダ代表。アヤックス一筋で約600試合の公式戦に出場。これは同クラブの最多出場記録）、ピート・カイザー（元オランダ代表。72年のチャンピオンズカップ決勝でカイザーのクロスからクライフの決勝点が生まれた）やクン・ムライン（元オランダ代表。フェイエノールトに17年間在籍した伝説的選手）といったスペシャリストと比較することはできない。さらに一部の選手（スワルト）は両足利きだったため、ディフェンダーにとってはまったくコントロールできない存在だった。マルク・オーフェルマルス（元オランダ代表。アヤックスやバルセロナでプレー）も同じだ。彼は両足利きだったため、ディフェンダーの利き足ではない側から抜くことができた。

左ウィンガーの10人中9人は生粋の左利きだ。だからこそ、先ほども述べたようにフェイントと抜き去る動きを自在に使いこなせなければならない。これはどういうことかというと、右サイドバックの内側を抜いた場合は、すぐにエンドラインに向けて方向転換し、左足でクロスを上げられるようにすべきということだ。

ムラインやブライアン・ロイ（元オランダ代表。アヤックス出身で90年代にノッティンガム・フォレストやヘルタ・ベルリン、ＮＡＣなどでプレー。２００１年に引退）は、数メートルのスペースさえあれば、こういう突破をやってのけた。シンプルだが非常に効果的だ。

だが現在、ピッチで何が起こっているだろう？　多くの監督たちは長年のうちにウィンガーたちにさまざまなプレーを求める哲学を築き上げてしまったようだ。ムラインやロイのようなタイプはやるべき仕事が増えすぎてしまい、ゴールから離れた位置から得意なプレーを開始せざるをえなくなった。それによって、このタイプは競争から脱落しつつある。哲学の変化の犠牲者だ。

ロイはユース時代に素晴らしいキック技術を持っていたにもかかわらず、最後にはクロスを上げることもできなくなっていた。アヤックスの外では、当時から問題が発生していた。クラブでは素晴らしい成績を残していたにもかかわらず、ロイは各年代の代表に選ばれることはほとんどなかった。アヤックスではリチャード・ウィッツヘ（元オランダ代表。アヤックスやバルセロナでプレー。２００４年に大分トリニータで現役を終えた）と一緒にプレーしていたが、オランダ代表ではどちらか一人しか求められなかった。なぜなら当時ザイスト（オランダサッカー協会の本拠地）では４－４－２システムを導入していて、ロイにはプレーの機会が与えられず、ウィッツヘが左ハーフと左ウィンガーの役割を一人でこなすことになっていたからだ。

私は当時も激怒したが、いまだに監督たちがこのような素晴らしい特殊な才能を持った選手を、システムの犠牲にすることが信じられない。サイドバックがスタンリー・マシューズ（元イングランド代表。ストーク・シティーやブラックプールでプレー。56年に第1回のバロンドールを受賞）、ジャイルジーニョ（元ブラジル代表。70年W杯優勝メンバー）、ガリンシャ（元ブラジル代表。58年W杯と62年W杯の優勝メンバー）、カイザーやムラインのような選手たちより重要になることなんてあるのだろうか。私の考えとは正反対だ。私の記憶では、いい右サイドバックがいい右ウィンガーになったことはないが、逆はある。サイドバックを傷つけるつもりはないが、私はサッカー界のヒエラルギーでは、ウィンガーのほうがサイドバックより上だと思っている。多くの監督が、このことに気づいていないことが信じられない。

さらにここ最近、ウィンガーのポジションが左右で入れ替えられている。左利きの選手が右サイドでプレーし、右利きが左でプレーしているのだ。ここでも重要な要素が犠牲になっている。ゴールから遠ざかるクロスの代わりに、ゴールに向かうクロスになってしまう。ストライカーにとっては前者のほうが、合わせるうえで理想的だ。キーパーからボールが遠ざかるだけでなく、自分に向かってくるようなボールなので、より強く、そしてより正確なヘディングができる。

そしてウィンガーにとって、システムの変更が最大の問題になっている。多くのチームが3バックや4バックから、中央を3人で守る5バックシステムに移行した。そのためウィンガーが使えるスペースが小さくなってしまった。監督たちはこの流れから、ウィンガーたちにほかの役割を与えるという結論を出してしまったのだ。

大前提として、どのようなサッカーをするか、各自が異なる意見を持っていていいと思う。慎重な監督もいれば、積極的な監督もいるだろう。ただし、「ウィンガーを使っても、近代の強固になった守備陣を崩すことはできない」というおとぎ話に逃げることは許さない。そんなことを言う監督は、何もわかってない。

私がアヤックスとバルセロナの監督をやって得た最大の勝利は、「3トップでプレーしてもビッグタイトルを獲得できる」ということを証明したことだ。ただし、3トップという表面的な並びだけでなく、ちゃんと内容を理解しなければならない。

一番重要なのは、ウィンガーに取らせるポジションだ。なぜなら強固となった守備陣を崩すためには、なるべく深い位置でプレーさせることが鍵だからである。それを怠り、ウィンガーにハーフラインまで下がってプレーさせた場合、彼がボールを失うと、即座にウィンガーだけでなく中盤の選手たちも置き去りにされてしまう。だからウィンガーには下がらせず、逆に相手の最終ラインと同じ高さでプレーさせる。こうすることで相手のディフェンダーの後ろにバックアップがいなくなるので、1対1で対決する状況を生み出せる。

ウィンガーのポゼッションプレーには、基本ルールが二つある。チームがボールを持っているときはなるべく深い位置でプレーするだけでなく、できるだけサイドラインに近い位置でプレーすることが重要だ。こうすることでピッチを広く使え、他の選手のためにスペースを作ることができる。ボールを失った場合は、何も考えずに後ろに戻るのではなく、内側に動くべきだ。これは相手の使えるスペースを縮めるだけでなく、相手のサイドバックだけでなく、同時にセンターバックも視野に捉えるためだ。別の言い方をすると、ボールをキープしているときにはウィンガーはピッチを縦に動き、失ったときは横に動く。

相手のサイドバックが、よく上がるタイプの場合もある。そのときはどちらの神経が図太いかの戦いだ。私はこういう場合、サイドバックが上がるのを無視させる。そして相手がボールを失ったときは、なるべく早く前線に残っているウィンガーにボールを渡すように指示する。これが何度か成功したら、十中八九相手の監督はサイドバックにオーバーラップを禁止し、ウィンガーに集中するように指示するだろう。

私のもくろみどおりだ！

アヤックスとバルセロナの監督として、3トップでビッグタイトルを獲得した

残念ながら実践では多くの監督が選手のクオリティーを見過ごしてしまうため、純粋なウィンガーが犠牲になっている。私はユース年代の監督たちにこの状況を打破してもらいたいと思っている。ユース選手の技術力が低下しているのは明らかだ。それに気がついていないとしたら、よほどまわりが見えていないことになる。

この流れを、ＫＮＶＢ（オランダサッカー協会）が食い止めるべきだ。元はと言えば、彼らが過去にこの状況を（ロイ・ウィッへ問題で）加速させた元凶なのである。だからザイストが（オランダサッカー協会の本拠地）見本を示す必要がある。テクニックを重視し、サッカー本来の美しさを追求しなければならない。サッカー選手が走るべき距離が長くなれば長くなるほど、本来のサッカーができなくなる。

このことを考慮するべきだ！

■5ポイントアドバイス

① 瞬発力が不可欠
② 両足利きであるべき
③ ドリブルが得意でなければならない

④ クロスの精度は必須だ

⑤ ポジショニングに長けていて、視野が広く、洞察力がなければならない

センターフォワード

ストライカーがチーム内で一番魅力的な選手だということに、異論は唱える人は少ないだろう。ちょっと特殊なキャラクターで、ピッチ上ではスペクタクルに映り、サポーターの人気者だ。第一によく得点を決めるからで、さらにペレ（元ブラジル代表）、マルコ・ファン・バステン（元オランダ代表）やロマーリオ（元ブラジル代表）のような選手たちは英雄的存在と言っていい。

多くの場合、彼らは「絶対的な個人主義者」に分類されるが、はずれているとは思わない。サッカーの進化によって、ストライカーに求められる要素が多くなってきている。一人で4名や5名の守備陣と対峙する環境では、必然的にソーシャルな選手は育ちづらい。

私はどちらかというと、ストライカーに個人主義的な役割を与えるのを好まない。選手時代にストライカーとしてプレーしていたときも、引退後に監督として指揮を取っていたときも、この思いは変わらなかった。

だからバルセロナのセンターフォワードは、今日までチームプレーヤー・タイプが選ばれてきた。彼はチームに対して責任を負っている。残りの選手たちはストライカーが気持ちょくプレーできるように、全力を尽くしているからだ。言い換えると、他の選手たちの役割はセンターフォワードの負担を軽減させることだ。

ウィンガーはピッチを広く使うことで中央にスペースを作り出し、中盤とディフェンス陣は攻撃に参加することで相手の注意を引きつけ、最終的にセンターフォワードに1対1の状況を作り出すことが目的だ。ここまでお膳立てされたならば、センターフォワードは持っている能力、洞察力、テクニック、スピード、得点力のすべてを駆使して点を決めなければならない。

歴史をひもといていくと、センターフォワードには四つのタイプがいる。

まずは昔のイングランドに多かった、いわゆるオーソドックスなタイプのストライカーだ。技術的には突出していなくても、とにかく得点が取れる選手だ。頭、足、胸だろうがゴールさえ取れれば関係ない。何よりも得点を決めることが重要だ。

次はなるべく多くプレーに関与するセンターフォワードだ。このタイプにはペレ（元ブラジル代表）、ミカエル・ラウドルップ（元デンマーク代表。クライフがバルセロナを率いているときにプレー）や私自身が分類される。チームのためのアシストも多く、その合間に自分でもゴールを奪える選手だ。

三つ目のバリエーションは昔ながらの点取り屋で、つねにチャンスを窺っているタイプだ。とくにゲルト・ミュラー（元ドイツ代表）がいい例だろう。彼はほとんどプレーに絡むことはなかったが、チャンスのときには必ず絶妙の位置にいた。

ちなみに私はロマーリオ（元ブラジル代表）をこのカテゴリーに分類しない。ファン・バステンと同様に、このタイプに入れるにはテクニックがありすぎる。どちらかというと私は彼らを、プレーに関与するタイプのカテゴリーに分類する。

四つ目のタイプは、現在の時代が生んだ産物だ。完全にチームのために働く選手で、本来の役割とは逆の方向性だ。ディルク・カウト（オランダ代表。現在はフェネルバフチェに所属）のような選手。彼は相手を引きずり、タックルをし、他の選手たちがゴールを決められるように働く。このタイプの選手がチームに組み込まれることが本当に多くなってきた。フィジカルが強く、何よりもスタミナがある選手たちだ。

これだけチームのために仕事をこなしているので、このタイプのセンターフォワードにはテクニックを最大限に活用でき、相手も突破でき、ゴール前で鋭い反応をつねに見せられると思ってはいけない。

私はよくテクニックに長けている選手が4－4－2に組み込まれた途端に、得点力が低下してしまった例を多く見てきた。でも、これは意外ではない。私が何度も説明してきたように、走る距離が長くなればなるほど、サッカーができる時間は少なくなってしまう。

センターフォワードとして、私もこの変化を体験してきた。初期のころはストライカーとして自由に動け、好きなようにドリブルをし、サッカーをさせてもらえた。その後、戦術的な変化があり、アクセントが守備に移ってしまった。私のようになるべくゴールに向いてプレーをすることを得意としていた選手たちは、同じプレーを続けられるようにするためにいろんなことを考える必要に迫られた。

私のハンディキャップは、フィジカルがあまり強くないことだった。ウィム・キーフト（元オランダ代表。身長190センチメートルの大型ストライカー）のようにディフェンダーに後ろからマークされながらも、体を使ってボールを守るようなプレーは私には到底できなかった。

とくにこの時期、私はスペースを有効に活用することの重要性を学んだ。規律が徹底されたチームのポゼッションプレーをどう利用するか。まず私はピッチをあちこち動くことで、他の選手にスペースを作ろうとした。同時にタイミングを計って、自分もゴールに向いた状態でボールを受けられるようにした。

バルセロナで私たちはラウドルップに、まさしくこのようにプレーをさせていた。面白いことに同じことを、現在リオネル・メッシが行なっている。少しあちこち動いたかと思えば、少しプレーに関与し、そしてタイミングが合えば自らアクションを起こす。

多くの人が、「クライフがバルセロナを率いていたとき、ウィンガーを使わずにプレーさせていた」と言い張るが、まったくのナンセンスだ。私たちはつねに相手を驚かせるためにバリエーションを模索していたが、一つだけ絶対に揺るがなかったのは、サイドを支配することだった。

たまに遊んでいたのは、センターフォワードのポジションだ。たとえばラウドルップをセンターフォワードに起用していたときは、両サイドのウィンガーが最前線の駒になった。彼らが高い位置を保つことで、センターフォワードのラウドルップが自由に動き回ることができた。

すごく堅牢な守備のチームを相手にする場合は、バケーロ（元スペイン代表。バルセロナでは中盤でパスを配給する役目を担った）が相手を崩す鉄梃となっていたし、深い位置でプレーすることで相手を惑わせるストライカーを求めていたときはサリナス（元スペイン代表。身長１８８センチメートルを生かして、高さと強さを武器にしていた。97年から2年間横浜マリノスでプレー）にチャンスが与えられた。相手を完全に翻弄して機が熟したときにはバケーロ（攻撃的ミッドフィルダー）とラウドルップ（センターフォワード）に何度もポジションチェンジをさせることで、敵もどう対応すればいいのかわからなくなっていた。

もし私たちの中盤やディフェンスの選手の調子がいいときには、上記のような連携に加えて、生み出されたスペースにさまざまな角度から飛び込んでいった。私が考えられる最高のサッカーで、センターフォワードも完全にチームの一員として機能していた。

バルセロナがいまだにこの系譜を失うことなくプレーしているのは素晴らしことだ。このスタイルは、ピッチを広く使っていないと実現できない。バルセロナではサイドを支配するクラシカルな方法を実行しつづけている。

私はすでにセンターフォワードは特別な存在であると書いた。チームで一番魅力的な選手でもある。このようなステータスを得るためには、技術面と戦術面でさまざまな能力が求められる。

まずセンターフォワードは、狭いスペースでボールを扱う速度が優れていることが求められる。ファン・バステンやロマーリオが、この分野では飛び抜けていた。さらにポジショニングもよくなければならない。いつ、どこに、ポジションを取るべきか、完全に把握していなければならない。とくにバルセロナでは、ゴールに向いてボールを受けられるようにプレーすることが重要だ。

ファン・バステンやロマーリオは、センターフォワードが必要としている基礎能力をすべて兼ね備えていた。サッカーがうまく、相手を抜くことができ、シュートもうまいし、それなりのクロスも上げられ、得点の嗅覚を持っている。どちらかというとチーム内ではハードワーカーではないので、あまり負荷をかけてしまってはいけない。そのためサイドを広く使い、ラインをコンパクトに保つことが必要だ。ファン・バステンやロマーリオのような選手たちは、とくに狭いスペースで力を発揮するタイプだからだ。

このことは個人主義のセンターフォワードを、チームプレーヤーに変えることがどれだけ簡単にできるかを証明している。ギブアンドテイクの問題だ。センターフォワード以外の選手にはプレーの基礎に集中させる。サイドを支配し、各ラインの距離を近く保ち、ポゼッションプレーを的確に行ない、ボールテンポを速める。そうするとファン・バステンやロマーリオも、つねに集中するように促される。

すべてがうまく融合していたら、彼らもその役割をしっかりとこなす。サッカーがチームスポーツであることの証明で、ほかの選手のサポートがなければ成立しないことがわかる。

■5ポイントアドバイス

① 技術力は必須で、両足利きであり、ヘディング力も必要だ

ファン・バステンはセンターフォワードが必要とする基礎能力をすべて兼ね備えていた

② ボールを扱う速度が速くなければならない
③ つねにゴールを意識してプレーする
④ ポジショニングに長けていなければならない
⑤ 定義不能な「ゴールの本能」がなければセンターフォワードはできない

25 理想のチーム

私は基本的に歴代のベストプレーヤーたちのなかから、理想のチームを編成することに前向きではない。理由は単純で、ほとんどの選手の間に能力の差がないからだ。過去や現代のスタープレーヤーたちは、トップレベルで成功するためのすべての要素を兼ね備えている。さらに彼らは才能豊かなので、本来とは違ったポジションでも問題なく一流になれるだろう。ファン・バステン（元オランダ代表）は右サイドバックをやらせても代表クラスになれていたと思う。

ただし、この本をここまで読んできたのであれば、私が好むのは「本物のサッカー選手」だということはわかるだろう。最適な技術を持ち、視野が広く洞察力があり、スペシャリストの要素を兼ね備えた選手だ。とくに最後の要素こそ、トッププレーヤーとして認知される必須条件だ。この才能をチームに埋もれさせるのではなく、最大限有効に活用しなければならない。

逆の言い方をしよう。チーム内における利害は、どのタレントを優先するかという問題によって生まれる。トップチームの使命は、すべての才能を最大限活用しつつ、いいチームを編成することだ。それができればチームが保有している才能がうまく融合し、必然的に素晴らしいチームになる。

理想のチームを編成する場合、選手の才能を最大限生かせる方程式を考えたい。そのためには選手の才能が、他の選手の才能と合わなければならない。

ウィンガーには左にピート・カイザー（元オランダ代表）と右にブラジル人のガリンシャを選び、中盤の左にボビー・チャールトン（元イングランド代表）と右にアルフレド・ディ・ステファーノ（アルゼンチン代表、コロンビア代表、スペイン代表でプレー。レアル・マドリーがチャンピオンズカップ5連覇を成し遂げたときのエース）を配置する。中盤に選んだ二人は技術面と戦術面に飛び抜けているだけでなく、フィジカルも強いのでカイザーやガリンシャのような個人プレーヤーをサポートするために進んで働くだろう。ちなみにその逆はあまり考えられない。

サイドバックには左にルート・クロル（元オランダ代表）、右にカルロス・アルベルト（元ブラジル代表。70年W杯ではキャプテンを務め優勝に貢献）を置く。その洞察力、技術、スピードで、チャールトンとディ・ステファーノをサポートできるので、中盤の選手たちが縦横無尽に働かされることはない。

同様の条件でチームの軸にはフランツ・ベッケンバウアー（元ドイツ代表）、ペップ・グアルデイオラ（元スペイン代表）、ディエゴ・マラドーナ（元アルゼンチン代表）とペレ（元ブラジル代表）のようなタイプを考えている。とくにペレとマラドーナは、ペレの責任感がマラドーナの個人主義とマッチするので、前線で最高のコンビになるはずだ。

ペレは試合中、ディエゴに対しては父親的な役目で見守るだろう。サッカー選手はこのような相手の気持ちを感じ取れるので、マラドーナもペレがプレーしやすいようにサポートするだろう。

そういう視点に立って、私は理想のチームにレジェンドであるレフ・ヤシン（元ソ連代表選手。60年の欧州選手権で優勝）をキーパーに選ぶ。偉大な才能の組み合わせのなかに、チームを落ち着かせる父親的な役割を入れることで、スーパースターたちを地上に引き戻すことができる。

この本を注意深く読んでいる人は、私が運動量について一切触れてこなかったことに気づいているかもしれない。私はこの単語が本来あるべき意味からかけ離れてしまったことを嫌悪している。サッカー選手たちが動かなければならない距離はどんどん長くなっていて、サッカーができないプロセスに変わってしまった。本来であれば体ではなく、ボールを動かすことでスペースを有効に使うことこそがサッカーの美しさだ。

このことを理解すれば、各ポジション別の個々の分析から、チーム全体の分析に移ることができる。テクニック、洞察力と各個人が持ち合わせている才能を11人のチームとして、ピッチ上のスペースを有効に使い、良い結果に結びつけなければならない。

この際には洞察力が重要な要素となる。各個人がどのようにポジショニングし、チームをコンパクトにまとめるかが大事だ。

私は各ラインが離れてプレーし、チームが間延びした状態でプレーしているのを見ると悲しくなる。選手間の距離を短く保つことこそがサッカーの美学だ。これができて初めて足を動かすのではなく、ボールを動かせるシチュエーションが作り出せる。そうすれば必然的に、テクニックが重要になる。

だから何度も言うように、シンプルに考えるべきだ。ライン間を短くしてチームをコンパクトに保つためには洞察力が必要で、ボールを効率的に動かすため（たとえばワンタッチプレー）のテクニックが重要になり、最終的にはフィニッシュにつなげる才能が必須だ。

動く、走るのではない、見て、「サッカー」をするのだ！

クライフが率いたFCバルセロナの「エル・ドリームチーム」
1994年5月、アテネでのUEFAチャンピオンズリーグ決勝

26 トレーナーとコーチ

同じ監督を表わす言葉でも、基本的にトレーナー（trainer）とコーチ（coach）は異なるタイプだ。トレーナーはサッカーを教え、コーチは結果の出し方を教える。

私はトレーニングを学問としてではなく、職業として捉えることにしている。そのほうが聞こえもいいし、実際あるべき姿だ。

コーチは得点状況と時間をもとに動く戦術家だ。ある選手が不足している能力を、他の選手で埋め、チームとして機能させる。

ただし、すべてはユース年代のトレーナーから始まる。サッカーを教える監督だ。梯子《はしご》の一番下の段にいるように見えるが、実は一番上でなければならない人だ。

小さいうちは、言葉で説明してもわからないが、真似をすることはできる。これが昔の育成がよかった理由でもある。当時は指導論を学んだ人はいなくて、トップチームのなかでユースの監督を喜んで引き受けてくれる選手が行なっていた。ボールを愛し、実演できる選手だ。彼は技術があるため、子供たちの技術向上をサポートできた。

このほうが資格を持っている人よりうまくいく。なぜなら資格タイプの指導者は、子供たちが必要としている以上に教育してしまうからだ。若い子に必要なのは、第一に技術を磨くことだ。この年代において非常に重要なことだ。これは自転車に乗るのと同じである。6歳で学んだことは60歳になっても忘れることはない。

技術は上の年代でポゼッションプレーを覚えるための基礎で、テクニックそのものと視野の広さが重要な要素となる。このことからも育成の各段階によって、異なるタイプの監督が必要なことがわかるだろう。自ら実演できるタイプからトップチームを勝利に導くことができる監督までだ。

勝利に導くことは、しっかりとした組織であればコーチの役目だ。チームにトレーニングを施すだけでなく、バランスもとらなければならない存在だ。選手たちが下を向いていたら上を向かせる。自信過剰になっていたら、問題点を的確に批判する。だから私はちょっと状態が悪くなったからと言って、練習を厳しくするだけのコーチは大嫌いだった。何もわかってないのだ。

コーチはたとえば練習では完璧に行なえるが、試合では実力を発揮できない選手の根本的な問題を把握できなければならない。トレーナーの下では機能できるが、コーチの下ではできない選手だ。

トレーナーとコーチの能力を一人で両方持っている監督は少ない。バルセロナのペップ・グアルディオラ（バルセロナを率いてチャンピオンズリーグを二度制した。現バイエルン監督）が数少ない例だ。選手時代に培《つちか》った類まれな技術力で組織をまとめ、コーチとしてその経験をチームに還元できるタイプである。

私をサッカー選手として形成したのは、３人のトレーナーとコーチだ。一人目はアヤックスのヤニー・ファン・デル・フェーン（アヤックスを48年に引退すると、ユース年代の指導者の道へ。10歳のクライフと出会った。のちにクライフがアヤックスの監督になったときスカウトに就任してダービッツなど多くのタレントを発掘した）。ユース年代のトレーナーとコーチを合わせたタイプだ。自らも一番上のレベルでプレーしていたし、さらに選手を見極める素晴らしい目を持っていた。彼はバリー・フルソフ（元オランダ代表）をセンターフォワードのポジションからはずし、その後バリーはストッパーとしてオランダ代表にまで上りつめた。同じようにディフェンダーだったウィム・キーフト（元オランダ代表）を、後にヨーロッパ得点王になるほどのストライカーに変貌させた。ファン・デル・フェーンはそれだけでなく左ウィンガーのウィム・スールビール（元オランダ代表）を世界屈指の右サイドバックに仕立て上げた。

ファン・デル・フェーンの次はリヌス・ミケルス（アヤックス、バルセロナ、オランダ代表の監督を歴任。トータルフットボールの創始者として知られる）だ。真のコーチ。私にプロ選手として考え、生きることを教えてくれた。

そしてミケルスのあとはステファン・コバチ（ルーマニア出身。71年から73年までアヤックスを率いてチャンピオンズカップを2年連続で制した）だ。この二人の一番大きな違いは、ミケルスは責任感を自ら受け持ち、コバチは責任感を選手たちに与えた。どちらの方法も機能していた、限界が来るまでは。ミケルスが選手を指導し、皆が責任感を自ら持てるようになったときがコバチへ変わった時期だった。彼もその数年後、選手たちが勝手に動くようになり、コントロールが利かなくなってくると替えられた。

この経験を私はコーチとして生かしている。ファン・デル・フェーンのように選手をほかのポジションに変えることでさらに向上させ、ミケルスのように自ら責任を背負い、コバチのように一部の選手には責任感を与えるようにした。

重要なことは、私が彼らの間違いから学んだことだ。1969年ミケルス監督の下、アヤックスがクラブ史上初のチャンピオンズカップ決勝でACミランと対戦したときのことだ。私たちのほうがいいチームだったが、結果は1－4で負けてしまった。オランダのチームが決勝に進んだのは初めてだったので、私たちはその重圧に対処できなかった。ミケルス自身も緊張していたため、チームの負のエネルギーを振り払うことができなかった。

2年後、再度決勝に進出したときはミケルスもチームも重圧をコントロールし、自信を持って試合に臨んで勝利した。

私がコーチ（監督）としてバルセロナとサンプドリアの決勝を迎え、チームにとてつもない重圧がかかっていたとき、当時の経験を思い出していた。私は選手たちにこんな貴重な経験ができる日を、自分たちのネガティブな気持ちで潰してしまうのは本当にもったいないことだと説得した。運よく結果もこちら側に転がってきた。

このエピソードは、コーチにとって経験がどれだけ重要なものかを物語っている。自分自身がそのシチュエーションを体験しただけでなく、他の人たちが当時どのように対処していたかも重要だ。だから選手としてトップレベルでプレーしていたほうがコーチとしてもメリットがある。必ずしもコーチとして成功できる保証はないが、他より一歩リードして始められることは間違いない。

リヌス・ミケルスは、トータルフットボールの創始者として知られ、
クライフの師であった

De scheidsrechter

27

審判

育成と指導の境界線でバランスを取る——。それが私がユース年代の審判に求めるエッセンスで、とくに与えられている責任を自覚してほしい。

審判は監督やチームリーダーとともに、ピッチ内外で子供たちの人格形成と規律を教えることに関わっている。ファールをしてでも止めるか？　といった現象を通して。

コミュニケーションを取りながら指導し、最悪の状況を回避する。相手が若ければ若いほど、審判は育成の視点で考えなければならない。とくに10歳前後のグループの場合、審判とチームリーダーが密に協力することが重要だ。この場合。チームリーダーの選手は、審判に対してみんなの見本となるように接する必要がある。

この段階において審判は、その場の雰囲気を大切にすべきである。ルールどおりに笛を吹くのではなく、指導と育成のバランスを考えながら行なわなければならない。

たとえばスローインのやり方を間違っていたとする。その場合はルールどおりに相手にスローインを与えるのではなく、まずその子に何が間違っていたかを教えてあげ、もう一度投げるチャンスを与える。どちらかのチームを優遇しているのではなく、サッカー選手としての成長を助けてあげているのだ。相手のリーダーもこのことを理解して文句を言わなければ、審判とリーダーがお互いにいい仕事をしていると言える。

Bユースまではとくに、育成的要素のほうが強い。その後は、育成と同時に結果も重要になってくるため、審判の判断もそれに合わせる必要がある。さらにこの時期になると選手たちも成長期に入っているため、態度も反抗的になることが多い。選手の人格形成において重要な期間のため、審判としてのクオリティーを保つことばかりに気を取られるべきではない。結果を左右することなく、育成を促す外交官的な役割を全うするのが大切だ。15歳前後の年齢層が一番興味深い。とくにリーダー。監督や審判の下で、殻を破る選手が見られる。若いサッカー選手を指導するのはとても複雑で、すべての関係者がうまくタクトを振るわなければ成立しない。

ここで重要なのは次の3点だ。対戦相手を尊敬すること、チームメイトを尊敬すること、そして審判を尊敬することだ。

謙虚な気持ちからではなく、高い規範をベースに行動することが重要だ。これができる選手はサッカー選手としてだけでなく、一人の人間としても価値を上げていけるだろう。

だから私は審判が与えられている重大な責任に触れずにはいられない。

その後の年代では、選手と審判は大人の関係性を築くことが求められる。審判は四つのタイプに分類できる。

●「作り上げられた審判」はルールを完璧に覚えているが、残念ながら試合の流れを読む能力が乏しいため、選手たちが苛立つことが多い。

●「ワンマンな審判」とは、年齢差を埋められないタイプのことだ。選手と力を合わせる意識がなく、選手が反抗しようものならば大騒動に発展してしまう。

●「熱狂的な審判」。よく冗談交じりに言われるのは、普段の生活で目立つことがない人。試合がフラストレーションを吐き出す場になっているということだ。気をつけなければならない!

●「愛好家」的審判はストレスを溜めることもなければ、でたらめな判定をすることもない。選手たちが気持ちよくプレーできるタイプの審判だ。私の時代ではフランス・デルクス（オランダ人。56年から78年まで主審として活躍）がこのタイプだった。侮辱と感情的リアクションの違いがちゃんとわかる人。この違いを理解できていれば、審判として間違いを犯すことはない。

審判から見たら、私の印象はあまりよくないほうだろう。私のオランダ代表における2試合目のチェコスロバキア戦で、東ドイツ出身のルーディー・グロックナー主審から退場させられた事件が影響している。

後にこの判断は生意気なクライフにお灸を据えるためだったと説明されたが、私はグロックナーがまったく試合の流れを感じ取っていなかったという意見をくつがえす気はない。私は審判の目が節穴の場合、最悪な状況に陥れられることを実感した。

チェコスロバキア戦開始直後から、私の直接的な対戦相手は試合に関与させまいとあらゆる手段で妨害してきた。グロックナーが一時間以上もこの状態を放置した後、私は彼に直訴したが文化の違いから衝突することになってしまった。たかが10代の自由気ままに発言できる西側の小僧と、本国では自分の意見を抑え込むことを余儀なくされている東ドイツ人との対立だ。彼は私が何を言っていたかまったくわからなかったはずだが、私が彼に歩み寄った行為がすでに許せなかったらしく、私に退場処分を下した。

グロックナーはすべての面で失敗していた。だから私はイギリス人審判のほうがやりやすい。彼らの前では激しいバトルも許されていたが、問題を起こした場合は即座に処された。さらに彼らは試合の流れを読みながら笛を吹いていたので、ときには選手を擁護する精神を見せた。

現在では審判のレベルを引き上げるために、プロ化が進められている。さまざまな機械を使うよりよっぽど有益なことだ。サッカーは間違いを犯すスポーツだ。監督や選手だけでなく、審判もそのなかには含まれている。

ただ私は審判の選定方法を変えるべきだと思っている。審判が他の審判によって評価されることが問題だ。結局自分たちの小さな世界のなかで完結してしまっていて、外の世界から見れば異端な行動も見逃されてしまう。私は、選手、監督、観客や記者たちに毎週採点させ、シーズンの終わりにランキングを付ければいいと思っている。

たとえばトップ20のなかの最下位2名を降格させ、その下のカテゴリーの最上位2名で補充する。

この方法を取れば自然と優れた審判が浮かび上がる。試合の流れを的確に読める審判だ。どの年代の試合においても、最終的に重要なのは状況を的確に感じ取り、判断できることだ。

サッカーは間違いを犯すスポーツだ。監督や選手だけでなく、審判もときに含まれる

28 このようにサッカーはプレーするべきだ

■五つのライン

私は過去にプロ選手としてプレーし、監督としてプロチームを率いたが、何よりもこの素晴らしいスポーツを愛する者だ。そのため私が口にする批判は、このスポーツの未来と若い才能の扱い方を心配してのものが多い。

私が攻撃的なプレーを好むのは周知の事実だろう。だが、攻撃するためには前に向かって守備ができる必要があり、前線からの守備を成立させるためにはボールにプレッシャーを掛けなければならない。

それを全員でスムーズに行なうために、なるべく多層的な「ライン」を作ることが鍵になる。そうすることで、ボールを受け取ったときに、必ず前と横に味方の選手がいる状況が生まれる。ボールを持っている選手と他の2名の選手との間の距離は、10メートル以上離れていてはいけない。これができずに選手間のスペースが10メートル以上になってしまうと、ボールを失う可能性が高くなってしまう。

この場合、私はキーパーを除いた五つのラインをベースに考えている（4－3－3）。「最終ラインの4人」、「下にポイントを置いているセントラルミッドフィルダー」、「左右のハーフの二人」、「ポイントを後ろに置くか前においているセンターフォワード」、そして「二人のウィンガー」だ。

これを基本に、さまざまなバリエーションを作り出せる。私の好みのバリエーションは、すでにこの本で書いてきた次のものだ（3－4－3）。守備的ミッドフィルダーを含んだ4名のディフェンスラインと、その前にポジションを取る攻撃的ミッドフィルダー。さらにその前にはセンターフォワード。サイドの選手たちに関して変更点はない。

しかし、私はあえてここで（4－3－3の）間違った使用例について述べることにする。なぜならオランダのさまざまなチームが、間違ったままプレーしているからだ。

実際にピッチにおけるプレーエリアの大きさを見ると、攻撃的スタイルの場合は、自軍のセンターサークルから相手のペナルティーエリアまでだ。縦45メートル、横60メートルの広さ。各ラインが担当する縦の距離は9メートル程度だ。

なぜこの距離が重要なのか？　この距離ならお互いのポジションをスムーズにカバー

し合えるからだ。そしてつねにボールの後ろに十分人数が残っている。

ここでまず一つ目の間違いが見られる。多くのチームはセントラルミッドフィルダーを後ろのポイントに下げるのではなくポイントを前に置く（三角形型の中盤）。そうするとセカンドストライカーのようにセンターフォワードの横でプレーすることになる。もし中盤の残りの2名のうち一人が中央によってその穴を埋めた場合は、サイドバックとウインガーの間を中継する選手がいなくなり、サイドバックは20メートルから30メートルの距離を守らなければならなくなる。このため組織のバランスが崩れてコントロールを失ってしまう。

もし、中盤の中心を後ろに配置すれば（逆三角形の中盤）、ボールを失った場合でもバッファーが残ることになる。オランダ代表ではウェスリー・スナイデルなどが（視野も広く、前線への楔のパスもうまいので）この役割に適している。右には相手を追い回すナイジェル・デ・ヨングを置くことができ、左には攻撃的センスも問われるのでラファエル・ファン・デル・ファールトがいいだろう。左ハーフが攻撃を繰り出す場合は、左サイドバックとの距離は10メートル以上離れていてはいけない。

ほかのバリエーションは中盤の中心として後ろに置いたスナイデルを、ファン・ボメルに変えることだ。この場合スナイデルを右に置き、ファン・デル・ファールトを左に配置すれば中盤のバランスも取れ、良い構成になるだろう。

前線にはセンターフォワード一人とウィンガー二人のポジションがある。深い位置でプレーするストライカーを選ぶのか、もう少し中間的なポジションを取るストライカーを選ぶのかに関しては、五つのラインを保持するという意味ではどちらでも問題ない。たとえばマルコ・ファン・バステンは深い位置でプレーするストライカーだったし、私はどちらかというともっと中間的なポジションを選ぶほうだった。どちらの場合でもオランダ代表は機能する。この点に関してトップレベルでは、どのような方法を取ってもいいということだ。

攻撃するためには前に向けての守備が必要で、それを行なうためにはボールにプレッシャーを掛けなければならない。ボールを保持しているときに各ラインの距離を縮めれば、攻撃陣の個人プレーをつねにサポートすることできる。6、7人が後ろでカバーできるので、ボールを失っても問題にならない。このプレースタイルの場合、横方向のパスはなるべく避けるべきだ。

五つのラインがしっかり機能していれば、必然的に各ポジションでポゼッションプレーに重要なトライアングルが形成される。一人はパスに集中し、一人はボールを受けるために動き、そしてもう一人は次にボールを受けるためにフリーになろうとする。

サッカーが非常に複雑で難しいものと考えられることがあるが、シンプルなプレーをすることが一番効果的だ。

■組み立て

私はオランダのクラブがどのように攻撃すればいいか示した。テクニックを的確に応用し、スペースを有効に活用し、前に向けて守備をするためにプレッシャーをかける。

一歩先に進んでみよう。もちろんこの場合もキーパー以外の五つのライン、最終ラインの4名、中心を後ろにずらしたセントラルミッドフィルダー、その少し前にポジションを取るサイドの中盤二人、ポイントを前か後ろに設定したセンターフォワードと両サイドのウィンガーだ。このポジショニングでボールを奪った場合、必ず前と横に味方がいるはずで、お互いの距離も10メートル以内のはずだ。

攻撃を始める場合、組み立てはキーパーから始まっていることを全員が認識する必要がある。彼は最初の攻撃者だ。キーパーから組み立てる場合、ディフェンダーのほうが前線の攻撃陣より先に反応することが多いので、まずサイドバックが上がりフリーになっているだろう。彼にボールを出すことで、最初のチームプレーが生まれる（ここでは左から攻めたとする）。

これがうまくいったら、ウィンガーはなるべく深い位置を取るようにし、サイドバックにスペースを作り出すことを試みる。すでに相手の最初の防衛ライン（相手フォワードによる守備）を突破し、攻撃が開始されている。そのあとは相手のチームが、上がってきたサイドバックを止めるための選択を迫られる。攻撃側がすべきは、相手の動きに合わせて的確に対応することだ。

二つの簡単な例をあげてみよう。各ラインが機能していれば、バリエーションはいくらでも考えられる。一つ目のオプションはセンターフォワードが右に流れることだ。そうするとセンターバックのうち一人はついていかざるをえず、一人はこちらの左サイドバックが作り出した数的優位をサポートするためにズレなければならない。そうなったら、左ウィンガーとセンターフォワードは1対1の状況に持っていけているはずだ。

左サイドバックが持っている二つ目のオプションは、最大でも20メートルの距離にいるセンターフォワードの足元に強い楔のパスを入れることだ。センターフォワードはポストプレーで走りこんできた右ハーフに落とす。右ハーフの動き出しが早ければ相手を置き去りにできるので、右サイドでさまざまな1対1の状況を作り出せるだろう。

　このバリエーションの目的は相手を驚かせて、カオスを作り出すことだ。最初の例を見てみよう。もし左サイドバックが中盤の選手を経由して左ウィンガーにボールを渡すことができ、ウィンガーがさらに突破できたら、中央ではすべてが可能になる。クロスが上げられた場合はセンターフォワードが右サイドからニアサイドに走りこむことで、彼の後ろにまた右ハーフが走りこめる大きなスペースができる。この方法でヨハン・ネースケンス（アヤックスとオランダ代表）とアンドレー・フックストラ（フェイエノールト）はいつも得点を量産することができた。これは得点の嗅覚が優れていたシャーク・スワルト（アヤックスとオランダ代表）にも言えることで、私が知る限り彼は数少ない右肩越しでもヘディングができる右ウィンガーだった。ウィンガーにもかかわらず、彼が上げた得点数の多さがこのことを証明している。

　このような攻撃の場合、チームの過半数以上はボールより後ろにいて、ゴールに向かってプレーをしている。そのため自動的にカウンターのリスクも軽減でき、こぼれ球に対処するためのポジショニングも保てる。すなわち前に向けて守備ができる。

この場合の必須条件は、左サイドバックが攻撃の組み立てを始めるときに、キーパーとそれ以外の守備陣が先読みして的確なポジションに移り始めることだ。攻撃が行なわれている間から、中盤とディフェンダーはボールを失った場合の準備ができていればカウンターに即座に対応できる。

たとえば左ウィンガーのクロスを相手キーパーにインターセプトされたら、すぐセンターフォワードがプレッシャーを掛けるようにする。自動的にテンポが速まり、キーパーも早く対応することを強いられる。中盤とディフェンダーがちゃんと組織されていれば、相手にとってはさらに攻めるのが難しくなるだろう。

攻撃時はキーパーが最初の攻撃者だったが、この場合はセンターフォワードが最初の守備者になる。これも個人とチームが守備面でも攻撃面でもつねに一歩先を考えなければならないという証明だ。

このプレースタイルは、簡単に練習できる。だから私は多くのチームがまともに攻撃を組み立てられないことが信じられない。最近では横パスがスタンダードになってしまったようだが、横パスは問題を先延ばしにするだけで解決はできない。

コーナーキック

コーナーキックに関しては、すでに攻撃的なチームに適したやり方について述べた。世界中が参考にしたオランダ式だ。その際、私は攻撃面と守備面の基本ルールを説明しただけで、細部まで話さなかったのでこれから話すことにする。

まずはセットプレーから始めよう。「自分たちのコーナーキック」の場合、「相手コーナーキック」の場合、そして「フリーキック」についてだ。すべての場合、組織をしっかり構築することで、優勢に立てるようにする。

コーナーキックが得意な相手と対戦するときにどうすればいいかをよく聞かれる。私の回答はつねに「コーナーキックを相手に与えなければいい」だ。

ふざけていると思ったかもしれないが、これは真剣な回答だ。たとえば1試合で8回相手にコーナーキックを与えたとする。その場合は8回も問題に対処しなければならない。しかし自分たちのゴールから遠ざかってプレーすることで、コーナーキックの回数を4回に抑えることができれば、問題に向き合う回数も4回で済む。たったそれだけのことで50パーセントも問題を解決したことになる。

残った四つに関しては、どうすればもっとも効率よく対処できるか考える。私はまず自分たちのチームのヘディングが得意でない選手をエリアから遠ざけることから始める。多くの場合は攻撃陣の3人だ。もし私たちのチームの選手が3人前線に残っていれば、相手は4人で守ることになる。コーナーキックを蹴る選手を除けば残りは5人だ。さらに最低でも一人はエリア外でこぼれ球を拾う役割を与えられているので実際に対処すべき選手は4名になる。

残った4名のうち2名はヘディングに強く、2名はヘディングが苦手だろう。通常であれば相手のヘディングに強い選手に、ディフェンス側も合わせて強い選手をつける。だが私はあえてヘディングに強い選手を相手の弱いほうにつけることで、必ず競り合いに勝てるようにする。問題はあと二つだけだ。残った守備陣のなかには一人は相手の邪魔をするのが得意な選手がいるだろう。彼をヘディングの強い選手につけることで、ヘディングをさせないようにすることができる。最後に残った一人だが、人数が少ないため密集していないのでスペースが十分あるはずだ。ここをキーパーに任せればすべての問題は解決する。

このようなシチュエーションをさらに有利に持っていくためには、相手に高いボールを蹴らせることだ。これを強制するために私はディフェンダーをニアサイドのポストの前に配置するようにした。必然的に相手は最低でも2メートル以上高いボールを蹴らなければならない。

繰り返すと、私の一番重要な守備的アクションは、前線に3人を残すことだ。もし相手に度胸があり、最終ラインに3人しか残さなかった場合、私の出す指令はキーパーがボールを取ったらなるべく早く前線の俊足の選手にボールを出すことだ。この方法で一度でも相手を脅せば、問題は解決するだろう。

攻撃側の場合、コーナーキックは獲得したときから勝負が始まっている。大抵、私はまず一人をペナルティーエリアとサイドラインの間まで近寄らせる。相手はショートコーナーの危険を防ぐために、彼らのマークにエリア内から守備の選手を二人はずさざるを得ない。そうするとエリア内にはスペースが生まれる。念のために言うが、コーナーは一つではなく二つのプレーから成り立っている。一つ目はボールをエリア内に放り込むこと、そして二つ目はリバウンドだ。

クライフのサッカー哲学は、グアルディオラをはじめ多くの指導者、選手たちに受け継がれている

■事前動作

次は事前動作についてだ。ピッチ上のスペースを有効に使うために必要な動作だ。とくに自分のスペースを作り出すために、事前動作は欠かせない。そしてそのためには自分が望むことと反対の動作をする必要がある。

たとえばウィンガーがボールを足元でもらいたい場合は、最初に一度裏に抜けると見せかけて戻ることで簡単にボールを受けられるようになる。

同様に裏のスペースを狙うために、いったんバックパスをすべきだ。もしくは先ほど述べたようにコーナーキックのとき、相手のディフェンダーの人数をエリア内から減らすためにコーナーに近寄ったりする。

すべてのポジション、とくに前線の選手たちはこういうプレーに関与することが求められる。ここで重要なのは自分の動作だけでなく、まわりがそれに反応しなければならないことだ。他の言い方をすると、事前動作はそれだけで完結してはいけないものだ。サッカーの面白いところは、どんな動作でも必ず別のアクションにつながっているということである。

たとえば私が先ほど例にあげたウィンガーの動きだ。足元でボールをもらうために一度裏のスペースに走る事前動作を行なう必要がある。しかし同じタイミングでセンターフォワードがそのスペースに走りこもうとしていたら、ウィンガーが走りこむはずのスペースが消されてしまっている。

そのような状況にもかかわらず、「ウィンガーが失敗した」と批評されると、私はいら立ちを覚える。この問題が他の選手によって作り出されたことに気づいていない人が多すぎるのだ。私は監督時代、何度も批判的な記者とぶつかった。彼らは選手がアクションを起こすことしか望んでおらず、その部分でしか評価しなかった。

悪い動きをした選手の影響で、他の選手が悪いパフォーマンスしかできない、ということが見えていない。能力を発揮するチャンスを味方に潰されるのだ。ウィンガーのアクションが成功するためには、事前動作が次の動作につながっていなければならない。

これがどれだけ大きな問題かは、急に相手が10人になったときにわかる。本来であればこの数的優位がメリットになるはずだが、逆に窮地に追いやられてしまうチームを数多く見てきた。相手が完全に引いてしまい、その結果スペースがなくなってしまうためだ。選手たちが限られたわずかなスペースを、どう扱っていいかわからなくなってしまう。相手がボールを持っているときもしっかりとプレッシャーをかけないと、後ろでだらだらとボールを回されてしまう。

これを打開する方法は一つしかない。各ポジションで1対1の状況を作り出すことだ。一つ目のメリットはテンポを上げられること。相手がボールを持っているときは少しも休むことなくプレッシャーをかけ、ボールを奪ったら空いたスペースを使い、数的優位を作る。その場合、選手たちはスペースを有効に活用し、フリーになった選手に効率のいいプレーをさせるためにチームが動く必要がある。

このようにプレーすることで、相手がミスをできない状況を作り出せる。一方で自分たちは一人多いことを生かして、中盤とディフェンダーの間に選手を配置することができるのでミスをしてもカバーができる。あえてこの位置に配置することでこぼれ球に対処でき、相手にプレッシャーをかけつづけることができる。

もちろんこのプレースタイルが勝利を保証するものではないが、最低でも何度かチャンスを作り出すことはできるだろう。

■論理的思考

ボールを受ける前の動きで試合展開を左右できることがわかったところで、簡単な宿題を片づけてしまおう。

たとえばチームメイトの利き足にパスを出すことで、仲間をサポートできることはすでに述べた。すごくシンプルなことだが、左利きの選手が激しいプレッシャーのなか、右足にパスを出されて扱いに手間取ったのを何度見たことだろう。

これは対戦相手の対処法にしても同じことだ。たとえば自分がサイドバックで、相手の選手が外側から抜くことが得意な選手であれば、外側にポジショニングし、相手の利き足ではない足で内側にプレーさせるように強いる。同様に右利きの左ウィンガーの場合は中に切り込んでいきたがるので、逆に内側のスペースを潰せばいい。

基礎中の基礎に思えるが、トップレベルでもこのようなディテールにまで踏み込んで考えられることは少ない。

他に私が気づいたことは、攻撃的なチームほど、ヘディングが下手な選手が多いということだ。前にも述べたが、シャーク・スワルトがウィンガーとして得点を量産できたのは、右ウィンガー（右利き）なのに右肩越しのヘディングがうまかったからだ。左ウィンガーがクロスを上げた場合、センターフォワードがニアサイドに走りこみ、ウィンガーはファーサイドに走り込むことになるので不可欠な能力だ。このことが理由で、フォワードが同様のシチュエーションで簡単なチャンスをはずしてしまうことが多い。自分がヘディングするときに不得意な側があり、それを改善していないからだ。同じことがディフェンダーにも言え、それがオウンゴールを誘発してしまう。

サッカー選手はつねに相手に得意なプレーをさせないために、どうするべきかを考えなければならない。

逆もまた同じだ。相手が自分のウィークポイントを突こうとしているのがわかっていれば、その対応策を先に考えておく必要がある。

私が現役時代のことだ。アヤックスで試合中にプレスの強度を上げるために、左サイドバックを下げてセンターフォワードを追加する交替がよく取られた。そのため私は左寄りの2列目でプレーする機会が増えた。対戦相手も私の左足は右足ほどよくないことを熟知していたので、あえて外側からしか抜かせないようなプレーをし、私が左足でセンタリングを上げざるをえないように追い込んできた。

最終的にはこのデメリットもメリットに変えることができた。なぜなら私は右足アウトサイドでクロスを上げられるように練習することで、結果的に中央の選手と走り込んでくる選手に、左利きの選手が左足で上げた場合と同じ正確さのクロスを出せたからだ。ここで生まれたメリットは、普段より少し早いタイミングで蹴るため、対戦相手はこの「加速」に対応できず、こちらのチャンスや得点につなげることができた。

念を押すが、けっして自分の技術を見せびらかしたかったわけではなく、効果的なプレーだったからやったのだ。効果的なサッカーは、ときに美しいプレーを生み出す。

論理的思考の一番いい例は、ボールを失ったときの切り替えだ。とくに攻撃的なチームで守備が弱い場合は重要だ。前線の選手が前へ守備を開始し、ディフェンダーにプレッシャーをかけることができれば、相手は必然的にボールを扱う速度を上げることを強いられ、ミスをする可能性が高くなる。攻撃陣が4〜5メートル動くことで守備的アクションを起こせるいい例だ。

問題を減らすのは、とても重要なことだ。そしてそれは難しい戦術を試すのではなく、論理的に考えることで解決できる。

■シンプルに行なう

サッカーは論理的思考とシンプルに実行することが重要だという私のメッセージが伝

わっていることを願う。残念ながらオランダでは、このことを忘れがちだ。どんどん難しく考えてしまうことで、基礎が忘れ去られてしまっている。サッカー選手にとって一番重要なのは、シンプルな動作をマスターしていることだ。パス、トラップ、胸トラップ、両足利き、そしてヘディングの基礎技術。誰でも練習できる要素だ。

たとえばボールを正確にパスすることは、繰り返し練習すれば習得できることだ。もしかしたらすごくつまらないことかもしれないが、サッカーの一番重要な練習だ。同じことはボールを止める技術にも言える。この練習もつまらないかもしれないが、習得すれば一気に上達するだろう。

この基礎技術をポゼッションプレーと組み合わせるようにしよう。そのためには6対4のミニゲームがもっとも効果的な練習方法だ。ペナルティーエリアより大きなピッチで行なってはいけない。プレーエリアを限定し、中央に4人選手を配置することで選手たちはボールを速く、シンプルに、そして正確にプレーすることを要求される。ボールを回すほうのチームは必ず一人を中央でプレーさせ、長いサイドは二人ずつ配置し、短いサイドは一人で行なう。

だから私はアムステルダムとフォーレンダムで行なったストリートフットボール・ト

ーナメントではあえて6対6の大会にし、クライフコートのストリートフットボール・リーグも同様のルールで行なった。

では4対4、7対7や15対15はどうだろう？　全員、とくに子供たちが、ちゃんとサッカーをできる（ボールに触れるチャンスがある）環境であれば問題ない。重要なのは全員がサッカーを楽しむことだ。

だが「育成」となると話は変わる。6対6しか機能しない。このシステムが唯一、子供たちが意識することなく、サッカーの基本ルールに慣れることができる方法だからだ。

まずキーパーがいて、残りの5名はフィールドプレーヤーだ。このため必然的に三つのラインが作られる。各ラインの距離が近いため、正確にパスを出さなくては他の選手がアクションを起こすことはできない。また攻撃側も守備側も全員が強制的に1対1の状況に置かれていて、スイーパーのように後ろでバックアップする選手はいない。

このようなシチュエーションに置くことで、自然に自分と直接対峙する相手を把握し、同時にほかのチームメイトのサポートをすることを覚えられる。特別に教えなくてもポゼッションプレーを体験しているのだ。

キーパーもボールを止めるだけでなく、サポートをし、プレーにも関与しなければならない。

12歳までのストリートフットボールリーグには最適の育成方法で、その後年齢が上がってても練習の一環に取り入れることができる。小さなスペースで、強制的に1対1の状況にさらされることで、必然的にシンプルな技術が身につく。後ろでゆっくりボールを回す暇もないし、簡単な横パスも出すことはできない。こうすることでオランダのサッカー選手の多くが犯している間違いを正すことができる。

私がこの本で取り扱ってきたすべての局面は、多くても2～3名の選手しか関与していない。サッカーは11人で行なうスポーツだということを考えると、どれだけピッチには複雑に絡み合った現象が起きているかわかるだろう。しかし基礎がすでに間違っていたら、そんな難しいことを議論しても机上の空論にしかならないのである。

29 サッカーの未来

なんだかんだ言ってもサッカーには輝かしい未来が待っている。もっとも、最低限行なわなければならないことが実行されればだが。

まず、お互い協力しあうことが重要だ。結局私たちはサッカーという、できるだけ自主的に活動すべきスポーツについて話している。安全面、財政面、育成とサッカー活動自体が自立できていなければならない。これはクラブ同士が知恵を出し合い、協力し合うことで強化できる。

選手が持つ権利も、放映権関連も、協力関係が良ければ良いほど、自分たちのシチュエーションをよりコントロールできる。クラブ間でいい関係が作れていれば、代表チームにもいい影響を及ぼせるだけでなく、アマチュアクラブにもいい影響を与えられる。

ここで私が強調したいのは最下層からトップまでつながっていて切り離せないということだ。両者は互いを必要としている。だからこそいい協力関係は不可欠だ。

ピッチ上では100パーセント敵対するが、ピッチから離れると団結しなければならない。ただすべてを同等に扱うことはできない。チームのなかに序列があるように、クラブ間でも自然なヒエラルキーはある。たとえばアヤックス、フェイエノールト、PSVには、NEC、ヘラクレス、ローダなどとは異なった基準がある。

有難いことに最近はお互い理解し合えるようになってきた。だが、もっとよくなれるはずだ。

たとえば選手の状況に関して、クラブが協力し合うことができれば、バランスを保つことができる。過去には1万ユーロ（約140万円）の給料しか支払っていないにもかかわらず、クラブが移籍金として1000万ユーロ（約14億円）を請求していた時代があった。もちろん馬鹿馬鹿しいことだが、今は立場が逆転した。選手は契約を延長することを拒むことができ、その場合はクラブが移籍金を請求することができなくなり、選手はトランスファーフリーのステータスを得ることで報酬のアップを要求することができる。

ほとんどの場合、原因はプレーヤー側にあるが、一方のクラブが相手を欺こうとするケースもある。

全員で知恵を出し合うことができれば、結果的に自分たちの業界をよりよく機能させることができる。アマチュアに対しても方向性を示すことができるし、他のスポーツに対してもいい影響を与えることができる。サッカーはオランダ国内のスポーツでは最大勢力なので、その点の責任感もあり、他のスポーツのためにいい環境を作る義務がある。この方法を継続することがオランダをスポーツ民族にするための活動となり、最終的にはサッカーだけでなく、オリンピック選手たちや他の何百万というスポーツ選手のメリットになる。

■放映権

とにかくサッカー業界では互いに協力することが重要だ。業界内の協力関係が向上することで、放映権の契約内容もよくなり、クラブは財政面の基盤を強化できる。

だが放映権で得た金で何をするか？　過去を振り返れば、信じられないぐらいの大金が選手の給料や移籍金に消えていった。私は何度か椅子から転げ落ちるような衝撃を受けた。なぜサッカーのことをまったくわかっていない経営陣が、このような意味不明な契約を結ぶことができたのか理解できなかった。

移籍金のかからない選手を例にあげると、いつしか多くのクラブでは移籍金を払わなくてもいい選手はお得な買い物だという意識が芽生えてしまった。選手に通常の2倍や3倍の給料を払っても移籍金を払うより安かった。

出費額のことしか考えていない人間が犯してしまう間違いだ。なぜならチームのベストプレーヤーが一番給料をもらわなければならないという暗黙の了解がある。このことが守られなければ、選手間の関係が崩れてしまう。監督にはどうしようもできないことだ。新しいセレクションでスタートする前から、チームの一体感は崩壊してしまっている。

このためクラブ内もおかしな状況に陥ってしまう。それもすべて財務を任されている人間や会長が狡賢《ずるがしこ》く切り抜けようとしたためで、監督に困難な状況を作り出してしまった。そして結局選手をまとめることができずに、この状況を作り出した元凶である人間から解雇される。

要は、問題を作り出した人間が被害者に罪をなすりつけているのだ。だから私は監督をしていたときは必ず選手の給料に関しても発言力を持ちたかった。

移籍金がかからない選手の扱いに関して信じられないほど間違いが多く、クラブに不利益を与えてしまう。本来であれば活躍できたかもしれないし、選手にはさらなるステップアップの可能性があった。結局クラブは彼で稼ぐことはできず、さらにはその穴を埋めるため、新たに資金を調達せざるを得ない。だが一方で選手のマネージャー（代理人）はボーナスを受け取っている場合が多い。

これもおかしなことだ。もし片方のクラブがちゃんと移籍金を支払っていれば、もう一方のクラブもその資金で他のクラブから選手を獲得することができる。この連鎖が雪だるま式にすべての人にメリットをもたらす。しかしその輪を代理人や選手が断ち切ってしまうと、儲かるのは代理人と選手だけだ。

さらに給料を多くもらいすぎている選手のパフォーマンスは下がる。チーム内だけでなくチーム外からのプレッシャーも増し、ほとんどの選手はこのプレッシャーに耐えられない。貢献度が給料に見合わず、クラブも財政面で損をする。

またこのような移籍を行なうと、チーム全体の給料も上がってしまう。移籍金のかかっていない選手の給料の額は、更衣室内で必ずばれるからだ。その結果、他の選手ももっと要求するようになる。そのため予算が危うくなり、安い買い物だったはずが全体的にみると高い買い物になってしまう。

オランダの強みは賢さと注意深さで、メリットを生み出すことだった。だから私はチームには最低でもつねにオランダ人を6名保有するように釘を刺してきた。長期的に見れば代表チームのメリットになるだけでなく、国内の経済を潤すことができる。なぜならオランダ人プロサッカー選手が増えれば、オランダ人が移籍する可能性も高くなる。国外への移籍だけでなく国内移籍も増える。金はオランダ内で回るので、結果的にオランダサッカー界の発展につながる。

■育成

オランダは世界でどのように認知されているか？　サッカー国としては経済的には強い立場ではないが、私たちの育成力の高さは認知されていてビッグリーグと十分渡り合える。しかし多くのクラブは、オランダのトップリーグが自ら育成した選手たちで成り立つべきだという認識を持っていない。

過半数が外国人選手で編成されているチームがある。私たちの国では一流の外国人選手を獲得することはできない。そのため第二選択肢レベルの選手たちのなかから選ぶことになる。このことから導き出せる結論は、国外の二流選手にすら劣る選手しかオランダは育成できていないということだ。監督が育成を信用できず、クラブも二流の選手ですら輩出できないのであれば問題だ。

私はオランダリーグをつねにチェックしている。そして本音で語っていいのであれば外国人選手の半数は変えても問題ないと思う。外国人選手を問題視しているわけではない。私自身もスペインへステップアップした。ただ私は当時、アヤックス、フェイエノールト、PSVが外人選手を獲得した理由と同じように、バルセロナに付加的要素を与える選手として引き抜かれた。

その前提は崩されてしまった。育成の力が弱まってしまい、外国人選手が多く流入することでサッカーのクオリティーも問題となっている。過去にその名をとどろかせたポゼッションプレーは「弱い」から「非常に弱い」ところまで落ちてしまった。そしてポゼッションプレーができないと、戦術面でもレベルダウンしてしまう。

原因の大半はウィンガーの育成に起因する。アヤックス、フェイエノールト、PSVにはつねにオランダ代表でも屈指のウィンガーがいた。しかも大概は自分たちのクラブで教育した選手だったが、現代では育成できなくなってしまった。

オランダの多くのクラブがターゲットマンとそのまわりを動くフォワードの2トップシステムを採用するようになってしまった。そのためウィンガーに求める役割も変わった。これは私たちがつねに戦術的に最低だと罵ってきたイングランドサッカーのコピーだ。

このためウィンガーはサイドバックからボールを供給されるようになってしまった。本来であれば中盤の選手が、その役目を果たすべきだ。これも中盤は3人でプレーするべきという基本ルールから逸脱してしまった結果だ。同様にボールを保持しているときはなるべくピッチを広く使い、ボールを失ったときはピッチをできるだけ狭めるという基本的なルールを守っていないためだ。現在はボールを失った場合、ディフェンダーが下がり、ピッチが広くなってしまっている。本来取るべき戦術と真逆の動きだ。

これも育成に起因し、ウィンガー論に戻る。なぜならこのタイプの選手の育成は二面性を持っていた。まず突出したウィンガー2名を前線の左右に配置し、少し劣っている選手はサイドバックに転換した。こうすることで最終ラインにもつねに前に向かってプレーすることを学んでいる選手が入っていた。

オランダサッカーの基本思想をないがしろにしてしまったのだ。ポゼッションプレーと戦術がいちじるしく低下したのも当然だろう。

だから私は放映権で得た財政の一部を、ユース監督に費やすべきだと思っている。非常に重要な監督たちだが、多くのクラブはこの重要性を認識していない。彼らはトップチームの監督をもっとも重要視し、アシスタントコーチたちがその次で、ユース監督は最終的に一番軽視されている。オランダサッカーから多くの金が失われてしまった。考え方の間違いだ。

だからこそ最低でもチームにはオランダ人を6名以上保有するよう紳士協定を結ぶべきだ。クラブが育成に力を入れるよう強制することができ、最終的には無駄な出費を省くことができる。そしてこの方法で海外にも新たにオランダサッカーの魅力を印象づけることになるだろう。

■サッカー以外のこと

統一が取れ、財政面と技術面がしっかりしていれば対外的にも強くなれる。現状を把握しているため、外部への売り込みも強くなる。そうなれば郵便番号くじ（オランダサッカーリーグのメインスポンサー）などのスポンサーや、ジョン・デ・モル（オランダのメディア王）などのメディアの力を新たに加えることができる。

私は自分の財団で最初はスポンサーくじ、その後は友達くじ、そして現在は郵便番号くじと関係を築いてきたので、彼らが子供たちやスポーツにどれだけ貢献しているかを知っている。だから私は彼らがオランダサッカーリーグとパートナーシップを結んでくれたことをうれしく思っている。なぜならこの団体はプロサッカーが持つ可能性を一緒に模索してくれるからだ。

同じことがジョン・デ・モルにも言える。私は彼のことをそこまでよく知らないので、試合の放映以上のことを考えているかわからないが、彼の元同僚のヨープ・ファン・デン・エンデの働きぶりを見ていたら希望は持てる。彼もシアターへの情熱をもとに自らの財団を通して社会に貢献し、若い演劇家たちをサポートしてきた。このような行動に私は心を動かされる。

私はデ・モルが優秀な実業家だけでなく、サッカー愛好家だということを知っている。だからこそ私は彼が番組で試合の放映だけでなく、それ以外のことにも目を向けてくれることを望んでいる。オランダのプロサッカーが持っているピッチ外での無限大の可能性についてだ。

もう少し具体的な例をあげると、私は何度も南アフリカに訪れた。訪問するたびにオランダとの強いつながりを感じている。国民たちはオランダ語に近い言語を話す。これは素晴らしいことだ。彼らはオランダとつながっているし、一方で私も南アフリカとつながっているのだと感じられる。

これは一種の絆で私の財団のプロジェクトで訪れた際も実感できた。そしてこの関係性がうまくいっているのであれば、プロサッカーの交流に関しても可能性がある。ただこの場合はクラブを買い取り、監督を送り込んで、優秀な選手を引き抜くことではなく、こちらからもオランダと南アフリカのサッカー発展のための提示をすることだ。

これは海外だけでなく国内でも可能なことだ。たとえばオランダ全土にKNVB（オランダサッカー協会）と私の財団が共同で設置している特別なサッカー場などだ。ここではサッカーだけでなく、他のスポーツも楽しむことができる。これは簡単な方法でサッカー以外のスポーツ選手にも有益な環境を作れることの証明だ。

やらない理由はない。サッカーはもっとも盛んなスポーツなので、他のスポーツのことも考えるべき立場にある。協力し、資金を有効に使い、才能豊かな選手たちに輝かしい未来を与えてあげられるのであれば、これほどすばらしいことはない。メインスポンサーやテレビパートナーも協力してくれるのであれば、サッカーを通じてオランダをもっといいスポーツ民族にするためのサポートができるだろう。

最後に

最後はこの方針を実行する人たちについて話したい。さまざまなことを望んでいたとしても、間違った人間が鍵となるポジションに居座っていると少しも前に進まない。

高学歴の人間がサッカーに関わっているが、彼らの問題はサッカーの本質を知らなかったり、感じ取れなかったりすることだ。いい例が現在の財務体質だ。ごく一部の例外を除いて、ヨーロッパのトップクラブは簡単に借金を作っている。これだけお金があり、ステータスもありながら赤字となる。

問題の本質はアメリカを除いて、どの国でも選手の育成に投資がされていないことだ。だからオランダでもこの一歩が踏み出されなければならない。アムステルダムではすでにクライフ大学で数年間活動を始めているが、もっと広がる必要がある。

この速度が上がれば上がるほどいいだろう。なぜならこれは10年計画ではなく、3年で有益な結果を出せる活動だからだ。

話を戻すと、サッカーに関するすべての分野の教育を進めるべきだ。たとえば運営面だけでなくマーケティングに関してもそうだし、マーチャンダイジングもそうだ。

このような特別な教育を、一般人とは違う活動を求められる選手たちに行なうべきだ。プロサッカー選手はつねに結果を求められ、実戦重視の考え方をしてきた。現在のオランダの学習システムと真っ向から対立する考え方だ。通常の学習システムとのギャップを埋めるために、クライフ大学ではスポーツ選手が活動する場で教育を行なっている。

重要なのはスポーツのノウハウが失われている現状から脱しなければならないということ。プロサッカー選手たちは現役時代に、引退後にサッカーに関与するための教育を受けるチャンスを与えられていない。

その点を解決すれば、サッカー選手への教育はメリットしか生まなくなるだろう。クライフ大学、ＫＮＶＢ、もしくはその他の組織でもいいが、サッカー選手がサッカーに関われるように教育することが、私たちの未来にとっては非常に重要なことだ。私は65年後も依然として数えきれないほどの人間が、この素晴らしいスポーツを楽しんでいることを疑っていない。私が過去65年間楽しんできたように。

2012

1. テクニック ――‘基礎’
2. 戦術 ――‘何をするべきか把握すること’
3. 想像力 ――‘このスポーツの美学’
4. 学ぶ――‘練習は実になる’
5. 成長 ――‘強い精神と強い身体’
6. 責任感――‘リーダーシップの一環’
7. リスペクト――‘他者を思いやる’
8. コーチング――‘チームは協力しなければならない’
9. チームプレイ――‘一人よりチームのほうがやれることは多い’
10. 主導権 ――‘やる度胸’
11. 個性 ――‘自分自身であれ’
12. チームプレーヤー ――‘一人では勝利できない’
13. インテグレーション――‘楽しさはみんなで分かち合おう’
14. 社交性 ――‘スポーツにおいてもすべての基礎’

解　説

本書を一時期流行したTV番組のタイトルを借りて表現すれば、こうなるだろう。

クライフ白熱教室――。

ここまで読んで頂いた皆さんには、この意味をわかってもらえると思う。本書はクライフによる「サッカー論」の〝講義〟だ。章ごとにテーマが設けられ、育成論、指導論、戦術論、ポジション論、監督論、経営論が丁寧にレクチャーされている。クライフがふらりと教室に現われ、ときに冷静に、ときに興奮し、現代サッカーへの憂いを示しながらサッカーのすべてを教えてくれる。

驚くべきは、サッカーの感覚的な内容が、クライフの鋭い分析によって正確に言語化されていることだ。

たとえば細かい例をあげれば、8章では「守備的なキック」と「攻撃的なキック」、9章では「テクニカルなヘディング」と「叩きつけるヘディング」が定義される（ともに目的によってボールをミートする位置が変わる）。

17章ではサイドバックを「ファイター型」と「技術型」に分類した。日本代表で言えば、前者が長友佑都で、後者が内田篤人になるだろうか。近年、長友は後者の要素も身につけつつある。

個人的に印象に残っているのが、「ポジショニングで戦うディフェンダー」という表現だ。18章において、固定化されたマンマークからスタートして少しずつレベルアップしていくと、最後はマンマークが必要なくなることが力説されている。いわゆるマンマークからゾーンディフェンスへの進化だが、クライフの説明を読むと、それが0か1かではなく、段階的に行なわれるべきであることがよく理解できる。

「そのうちフリーディフェンダーとストッパーのコンビに固執する必要がなくなる時期が訪れ、中央の守備に一人もマンマークをする選手がいないようになる。(中略)ポジショニングが非常にいい2名で守ることで、センターフォワードの後ろで守るのではなく、その前で守れるようになる。(中略)つねにマークしているわけではないが、2名の絶妙なポジショニングでパスコースを消し、無効化できる」

クライフによれば、これは簡単ではなく、粘り強い練習が必要となる。最高のお手本の一つとしてあげられたのが、バルセロナ時代のクーマンとグアルディオラのコンビだ。

大袈裟に言うなら〝ダブルリベロ〟。大きなメリットはDFラインにうまい選手が増え、「ボールを失う回数が減る」ことだ。

「チームのサッカークオリティーが上がるためボールを失う回数が減る。（中略）これがトップクラブとその他のクラブとの違いでもある」

こういうサッカーを体系づける作業は、各論的に理解している人間には不可能で、まずはプレーを本質的な要素に分解し、それを土台に全体像を捉えようとする人間にしかできないだろう。

選手間の心理面の解説も興味深い。25章「理想のチーム」に、こんな記述が出てくる。

「ペレは試合中、ディエゴ（マラドーナ）に対しては父親的な役目で見守るだろう。サッカー選手はこのような相手の気持ちを感じ取れるので、マラドーナもペレがプレーしやすいようにサポートするだろう」

これをACミランにおける本田圭佑とバロテッリに当てはめると、二人の関係をより深く理解できる。本田はメンタルが不安定なバロテッリを気遣うプレーが多く、それをこのイタリア代表の〝悪童〟も気がついているからこそ、本田にゴールを取らせるような優しいパスを出すのだろう。

そして何と言っても本書の醍醐味は、やはり戦術論である。〝講義〟が進んでいくと、一般的な戦術論とは別の思考でピッチを捉えていることに気がつく。

クライフの戦術論において、核となるのが「ポゼッションプレー」だ。ポゼッションプレー＝ボールを持っている選手に対して、二つもしくは三つのパスコースを作り出すプレー。

11章で詳しく説明されているように、パスコースを作り出すために大袈裟なアクションはいらない。タイミングよく2〜3歩サイドステップやバックステップを踏むことで、パスコースに顔を出すことができる。コツは角度を意識した立ち位置。いわゆる「トライアングル」だ。

11章の次の一文に、サッカーの真髄がにじみ出ている。

「ミューレンとスペルボスはつねにボールを受けられる位置にいた（中略）ミューレンがトライアングルの中心として機能しているとき、彼は絶対味方の選手に背を向けていることはなかった」

正直、ミューレンとスペルボスはヨーロッパのサッカー界でも過去の人だが、シャビとイニエスタに置き換えればわかりやすい。要は2〜3歩動いて細かくポジションを修正することで、つねにパスまわしに参加すべき――ということだ。もちろんミスをしたら話にならないので、狭いスペースで正確にボールを扱う技術が必要。もしこれを実行できれば、バルセロナやスペイン代表のように「美しく勝つ」ことが可能になる。

あらためて書くと、「ポゼッションプレー」をピッチ上で実践するには、選手たちの動的な位置関係が鍵になる。距離が離れすぎてもダメだし、トライアングルが硬直化してもダメだ。みんなが動きながら、適切なときにパスコースが生み出される必要がある。

これを考慮すると、現代サッカーで採用されているいくつかのシステムに「ノー」がつきつけられる。

本書において、クライフは「イングランド式の4－4－2」を何度も槍玉にあげている。以下、「サッカーの未来」について語った29章より。

「オランダの多くのクラブがターゲットマンとそのまわりを動くフォワードの2トップシステムを採用するようになってしまった。そのためウィンガーに求める役割も変わった。これは私たちがつねに戦術的に最低だと罵ってきたイングランドサッカーのコピーだ」

24章では、こう批判している。

「私はよくテクニックに長けている選手が4－4－2に組み込まれた途端に、得点力が低下してしまった例を多く見てきた。でも、これは意外ではない。私が何度も説明してきたように、走る距離が長くなればなるほど、サッカーができる時間は少なくなってしまう」

なぜクライフは「イングランド式の4－4－2」を嫌うのか。このシステムは3ラインを大切にし、守備時に全体をコンパクトに保つという点ではメリットがある。だが、攻撃時にトライアングルを作るという点に関しては、サイドバックとサイドハーフの距離が離れやすく、中盤を含めた「斜め」のパスコースを生み出しづらい。その結果、単純な前へのパスが増え、攻撃が単調になってしまう。

たとえば、ターゲットマンに長いパスを出してポストプレーをさせ、セカンドストライカーが絡むという感じだ。技巧的な崩しというより、力づくの破壊である。

ここで注意すべきは、現在多くのチームが採用する「4－2－3－1」も、クライフの概念では「4－4－2」に含まれるということだ。1トップとトップ下は、まさにクライフが言うところの「ターゲットマンとそのまわりを動くセカンドストライカー」の関係だ。クライフにかかれば、ザックジャパンのシステムは「4－2－3－1」ではなく、「4－4－2」なのである。

ザックジャパンには、一つ弱点がある。相手が前に積極的に攻めてきてDFラインの裏にスペースがあるときは、岡崎慎司や長友佑都の飛び出しを生かせるので問題ない。だが、相手がＤＦラインを下げて裏のスペースを消すと、途端に攻めあぐねてしまうことがある。クライフ的視点で見ると、これは「ポゼッションプレー」ができてないからだ。

もちろんダイナミカルに裏に飛び出る動きは不可欠なのだが、一発狙いのプレーだけでは相手は崩れない。細かいステップで適切なトライアングルを作ろうとする地道な作業が大きな違いをもたらす。

では、どんなシステムが「ポゼッションプレー」に最適なのか？

本書で何度も触れられてきたように「4－3－3」を軸とした5ラインのシステムだ。

ここで5ラインとは、①4バック、②守備的ミッドフィルダー（いわゆるアンカー）、③2列目のハーフ、④左右のウィング、⑤センターフォワードの5列である。クライフイズムを継承するバルセロナは「4－3－3」を採用し、守備的ミッドフィルダーにブスケツ、2列目のハーフにシャビとイニエスタが入ることが多い。このシステムでは短い距離感でトライアングルを作ることができ、狭いスペースでボールを扱う技術がある選手がそろえば、パスワークで相手を翻弄できる。何よりウィンガーにいい状態でボールを持たせることができる。クライフが好む突出したウィンガーがいれば、相手の組織をズタズタに切り裂けるだろう。

29章に渡る〝講義〟を聴き終えて思うのは、従来の戦術論がやや本質を見失っていたのではないかということだ。どんな理論でも、万人が理解しやすいように単純化する作業のなかで、大切な本質が忘れ去られることがある。監督を通して選手の思考にも影響が及び、発想が画一化され、ついにはクライフが嫌悪するやり方がスタンダードになった。

だが、近代のサッカー界に目を向ければ、グアルディオラ率いるバルセロナが2009年と2011年にチャンピオンズリーグを制し、そのメンバーが中心のスペイン代表がユーロ2008、2010年W杯、ユーロ2012で頂点に立ってタイトルを総なめにしている。

そして2013年夏にグアルディオラがミュンヘンにやって来ると、今度はバイエルンが変貌した。この3チームに共通するのは、クライフイズムが濃厚に継承されているということだ。

マンチェスター・ユナイテッドはファーガソンの退任によって一時代を終え、目指すべきサッカーを見失って迷走している。イタリアサッカーは経済的不況と八百長事件による低迷から抜け出せずにいる。レアル・マドリーやパリサンジェルマンが巨額の資金を投じてクライフイズムに対抗しようとしているが、クリスチャーノ・ロナウドやイブラヒモビッチといった個に頼っている部分が強く、サッカーのスタイルが哲学にまで昇華されていない。
現代の最大のテーマは、クライフイズムを超えること——。そう言っても過言ではない。そのために不可欠なのは、もう一度基礎に立ち返って、創始者の理論を正しく理解することだ。クライフ本人から〝講義〟を受けることほど、その第一歩にふさわしい作業はない。

木崎伸也

訳者あとがき

1974年7月7日、ヨハン・クライフが世界一になり損ねた日だ。

恩師リヌス・ミケルス氏とともにアヤックスでチャンピオンズカップ3連覇（1971〜1973年）を果たしたメンバーを中心に挑んだ西ドイツW杯はヨハン・クライフの大会だったといっても過言ではないだろう。

オランダ代表は個々の選手が思いのままにポジションチェンジを繰り返し、全員攻撃全員守備のポジションに縛られないダイナミックな「トータルフットボール」で決勝戦まで14得点1失点の完璧なサッカーを披露した。とくに2次リーグのブラジル戦はトータルフットボールをもっとも具現化した試合で、W杯史上に残る名試合だった。しかし決勝戦で西ドイツの徹底したマンマークに苦しめられたクライフは、1－2の逆転負けを喫してしまい準優勝に終わってしまった。

この素晴らしいチームを率いたクライフは大会最優秀選手に選ばれ、ブラジル戦のボレーシュートで“Flying Dutchman”（空飛ぶオランダ人）の異名を得た。

「ほとんどの人は当時どこの国が優勝したかは覚えてないかもしれないが、だれもが“Naranja Mecanica”（時計仕掛けのオレンジ）や“Brilliant Orange”（光り輝くオレンジ軍団）のことは記憶している。人々の印象に残るほうがタイトルを獲得するより素晴らしいことだと思っている」とクライフも近年語っていたように、74年W杯のオランダ代表とトータルフットボールは世界に強烈な印象を与えた。

クライフは選手としてアヤックスとバルセロナを世界有数のビッグクラブに押し上げ、さらには監督としても両クラブで素晴らしい成功を収めた。

第一線から退いた後は、子供たちにスポーツを楽しむ機会を与えることを目的としたクライフ財団を設立した。おもな活動は子供たちが安全にサッカーを楽しむための〝クライフコート〟の設置や、発展途上国の子供や障碍者を対象としたスポーツ活動の支援などだ。

一方では、29章で語ったようにクライフ大学を設立し、学問としてスポーツを学ぶ場所を提供することで、スポーツマネージメントを改善するために尽くしてきた。

昨今はアヤックスの再生計画にアドバイザーとして深くかかわり、再びヨーロッパのトップクラブに返り咲くために力を発揮している。

私は小学生のころ親の仕事の関係で渡蘭した。地元のサッカークラブに入って最初に感じたカルチャーショックはチームメイトが背番号14番を奪い合っていたことだ。『キャプテン翼』を読んでいた私にとって、背番号10番や9番が誰もが憧れる背番号だと思っていた。この素朴な疑問をチームメイトにすると「お前はそんなことも知らないのか」と説教されてしまった。彼だけではない、監督も加わり、クライフがどれだけすごい選手だったか熱く語り始めた。

「9番はディ・ステファノ、10番はペレの背番号だ。私は誰もつけていない14番を〝クライフの背番号〟にする」とクライフは言っていたが、オランダでは完全に14番は〝クライフの背番号〟として浸透している。

だが実はオランダでは背番号はポジションで決められることが多い。両サイドバックは2番と5番、センターバックの二人は3番と4番、ボランチもしくは右か左のミッドフィルダーは6番と8番、トップ下が10番、両ウィンガーが7番と11番、そしてセンターフォワードが9番だ。このためある特定のポジションの話をするときは背番号で表わすことも多々ある。日本代表やその他の代表チームと違い、オランダ代表は固定背番号を採用していない。大きな大会は登録制のため大会中の背番号は固定されるが、普段はスタメンの11

名が1番から11番を背負う。これもクライフが本書で語っていた報奨制度の一部だろう。オランダ代表に選ばれることがすでに名誉であると同時に、ルーキーであろうがスタメンに選ばれれば、初選出の選手ですらそのポジションの背番号を背負うチャンスがある。特例が認められたのはクライフだけだ。

偉大なクライフの言葉はつねにメディアで取り上げられる。とくに毎週テレグラフ紙に投稿しているコラムは、その歯に衣着せぬ発言でたびたび物議を醸す。昨年末には「オランダ代表が横パスを多用しすぎているため、相手の組織を崩すのに苦しんでいる」と代表を批判し問題となった。本書でも触れているが、相手の組織を崩すのに必要なことはトライアングルを組み合わせて、縦の楔を有効に活用することでスペースを作り出すことだ。ファン・ハール監督が代表戦の記者会見の場で弁明を余儀なくされたことは記憶に新しい。

だがそれもすべて彼の思考と発想力が、現代サッカーの戦術論を軽く凌駕しているからだ。その影響力は「オラクル（神託）」と呼ばれ、彼のアドバイスは絶対的だ。オランダサッカー協会がことあるたびにクライフに助言を求めるのも当然だろう。監督経験がほとんどないライカールトとファン・バステンのオランダ代表監督への抜擢も、クライフが協会に命じなければ実現しなかったことだろう。完全にオランダサッカー界のフィクサーだ。

ただ、天才が故の問題もある。彼の発言はよく過程や前提を飛ばし、結論だけを語ることがあり、常人には理解できない単語が作り出されたりする。オランダ人ですらクライフの言葉を"Cruijffiaans"（クライフ語）と呼び、特殊言語として扱っている始末だ。

「あらゆる欠点には長所がある」
「サッカーはシンプルだ、だがシンプルにサッカーをすることが一番難しい」
「我々がボールを持っていれば相手は得点を決めることはできない」
「ボールを持っていなければ勝つことはできない」
「選手がダッシュしていた場合は、スタートが遅すぎたためだ」

これは膨大なクライフ語のなかのほんの一部だ。クライフの発言で本が一冊まとめられるほどで、"Typisch Cruiffiaans：Uitspraken"（"典型的クライフ語・発言集"クライフライブラリー出版）というクライフ語録集も出版されている。

本書を翻訳するうえで一番苦労したのも、オランダ語ではなくクライフ語の翻訳だった。オランダ人記者の力で読みやすいようにフィルターをかけてもらっているとはいえ、オランダ人には大前提のことなどはそのまま放置されている部分も多かった。なるべくその世界観を壊さないように「言語化」したつもりだが、私が至らない部分は木崎伸也氏や二見書房の小川郁也氏にご尽力いただいた。

クライフについて語られている本は多数あるが、クライフ本人の言葉で彼の戦術論がここまで細かく明記されている書籍はこの一冊のみだ。みなさんがこの本を通じて、クライフのサッカー論を少しでも理解していただければ、これ以上の喜びはありません。

若水大樹

2014年4月

本書では、著者であるヨハン・クライフ氏の許諾を得て、写真を掲載いたしました。
（編集部）

写真提供

富越正秀

P15，P31，P45，P59，P67，P75，P81，P87，P238

清水和良

P39，P123，P131，P149，P159，P169，P175，P181，P187，P199

ヨハン・クライフ　サッカー論《ろん》

著者　ヨハン・クライフ
訳者　木崎伸也《きざきしんや》
若水大樹《わかみずだいき》
ブックデザイン　河石真由美《かわいしまゆみ》（CHIP）
DTP 組版　有限会社 CHIP

発行　**株式会社　二見書房**
〒 101-8405
東京都千代田区三崎町 2-18-11 堀内三崎町ビル
電話　03（3515）2311［営業］
03（3515）2313［編集］
振替　00170-4-2639

印刷　株式会社　堀内印刷所
製本　ナショナル製本協同組合

落丁・乱丁本は送料小社負担にてお取替えします。
定価はカバーに表示してあります。

ISBN978-4-576-14055-1
http://www.futami.co.jp